古典文獻研究輯刊

三六編

潘美月・杜潔祥 主編

第 37 冊

清代散見戲曲史料彙編（筆記卷・二編）（第四冊）

趙興勤、葉天山、趙韡 著

國家圖書館出版品預行編目資料

清代散見戲曲史料彙編（筆記卷‧二編）（第四冊）／趙興勤、
葉天山、趙韡 著 -- 初版 -- 新北市：花木蘭文化事業有限公
司，2023〔民112〕
目 8+146 面；19×26 公分
（古典文獻研究輯刊 三六編；第 37 冊）
ISBN 978-626-344-295-5（精裝）
1.CST：戲劇史 2.CST：史料 3.CST：清代
011.08　　　　　　　　　　　　　　111022062

ISBN-978-626-344-295-5
9 786263 442955

古典文獻研究輯刊
三六編　第三七冊　　　　　　ISBN：978-626-344-295-5

清代散見戲曲史料彙編（筆記卷‧二編）
（第四冊）

作　　　者	趙興勤、葉天山、趙韡
主　　　編	潘美月、杜潔祥
總 編 輯	杜潔祥
副總編輯	楊嘉樂
編輯主任	許郁翎
編　　　輯	張雅淋、潘玟靜　美術編輯　陳逸婷
出　　　版	花木蘭文化事業有限公司
發 行 人	高小娟
聯絡地址	235 新北市中和區中安街七二號十三樓
	電話：02-2923-1455／傳真：02-2923-1452
網　　　址	http://www.huamulan.tw 信箱 service@huamulans.com
印　　　刷	普羅文化出版廣告事業
初　　　版	2023 年 3 月
定　　　價	三六編 52 冊（精裝）新台幣 140,000 元

清代散見戲曲史料彙編（筆記卷·二編）（第四冊）

趙興勤、葉天山、趙韡　著

目

次

陳 彝

陳彝（1827～1896），字六舟，號聽軒、伊園、蛻翁，江蘇儀徵人。清同治元年（1862）進士，授修撰，官至內閣學士。光緒二十二年（1896）以病免，諡文恪。

茲據清光緒十九年（1893）刊八卷木活字本《談異》輯錄。

編者案：《中國古籍總目》著錄此書作者為王景賢。王景賢（1798～1873），字子希，號希齋、頌仙，福建閩縣人。清同治二年（1863）進士，官至廣東按察使。著有《伊園文鈔》等。然檢《談異》卷一《落葉》條謂：「我郡郭少卿孝廉（兆奎），甲辰會試……同郡中者張松朧（鴻鼎）、汪尊卿（廷儒）、吳碩甫（駿昌）三公。」四君皆儀徵籍。卷四《汪容甫先生》條，更明言「先生，我鄉通人也」。又據《（民國）江都縣續志》卷二十七著錄，陳彝著有《談異》八卷。由是可知，作者當為儀徵人陳彝。此書撰人凡著錄為王景賢者，皆誤也。

《紅樓夢》

作《紅樓夢》之曹雪芹，真有其人。其子孫陷入王倫逆案，伏法無後。同鄉殷秋樵所云。異日詳之。（卷二，第3頁）

邢竹庵

南河盛時，廳員以菊部觸客，固其常也。于湘山（昌進）某日宴客，笙歌方沸。（卷三，第9頁）

《三戲白牡丹》

俗劇有《三戲白牡丹》者，託之呂仙，不知乃顏洞賓也。仙曾降卜自辨之。謹按：爕元贊運，純陽演正。警化孚佑帝君，屢累朝封號。嘉慶年間列入祀典，載在通禮，非荒唐謬悠之談，本不可以為戲，況鄭衛之音耶？（卷五，第27～28頁）

洪昉思

洪昉思（昇）作《長生殿》傳奇，一時鈞欄競鈔習之。會國忌止樂，有邸第演此，為言官所劾。昉思逐歸山〔江〕左，其後竟溺死於浙之烏鎮。王阮亭挽之，有「菟裘歸未得，魚腹恨如何？採隱懷苕雪，招魂弔汨羅」之句。（以上見厲樊榭《東城雜記》。）按：趙秋谷以《長生殿》失官，人皆知之，而不知稗畦亦被逐。其死之慘，則尤多不知者矣。綺語泥犁，如之何弗懼！（卷六，第6頁）

梨花雪

《梨花雪》者，汗漫生太倉徐君鄂所為傳奇之一也。予悲其事，愛其文，以為自有此曲，謂烈女果仙去可也。其曲文煩不備錄，而錄烈女詩及諸公之文如左，覽者督焉：

予姓黃名淑華，字婉梨，江南上元人。父秉良，諸生，先卒。長兄乃珪，諸生；仲兄乃璋，外出；叔兄乃瑾，亦習舉子業。癸丑陷賊，予六歲，弟乃璧三歲。兩兄力於農圃以自給。家故多藏書，暇則課予及弟，時以古今節烈事詔予，且勉之曰：「逼處賊中，及難，命也。慎勿苟且偷生以玷先德。」壬戌，將以予字某氏。予請於母曰：「予家猶燕巢幕上，何以婚嫁為？」遂止。今歲六月，官軍復金陵，方慶出水火而登袵席矣。孰意克城之二日，則有亂兵至，殺二兄於庭；入括諸室，一壯者索得予，挈以出。弟牽余衣，母跪而哀之。怒曰：「從賊者，殺無赦。主帥令也。」遂殺母及弟。長嫂至，又殺之。掠予行，予哭詈，求速死。笑曰：「予汝愛，不汝殺也。」遂繫於其居，旋遷於舟，溯長江而上。夫茫茫大江，予非不得死所，惟恨以予累及老母嫂弟。今既與之同行，不思所以報之，徒死何益？昨至湘潭，捨舟登陸。予喜甚，意將以此行殺之。孰意天不予佑，適有與之偕行者，以一孱弱之身逼處於二壯夫之側，殺之實難，污我甚易，倘不速死，將求死不得。然死雖已決，究未知何術以死、何地以死也。因自述本末而書之紙一帛一，帛繫於身，紙糊

於壁，並作十絕以附於後。甲子九月十六日，十七齡女士自序於湘鄉潭市上之旅次。

　　自憐生小遘奇災，劫遇紅羊劇可哀。若昧貞心從蕩子，偷生雖好罵名來。

　　年年小謫住塵埃，孤負雙親孕育恩。窀穸不能安體魄，挑燈追憶倍銷魂。

　　儂家偏在此城中，兩度遭殘怨即戎。底事老蒼偏疾善，存亡各半又西東。

（存者予與仲兄夫婦及侄，而又天各一方，哀哉痛哉！）

　　自從被掠別家門，日在狂瀾死未能。卻喜財奴偏好貨，天教白璧玷無蠅。

（掠予者申姓，寶慶人。予恐被污，已將衣服縫紉矣。）

　　無何月又見初弦，迫我同登江上船。舟子掛帆無恙祝，可知儂不願生全？

　　女伴何人不受污，予同張氏及金姑。超群更羨金眉壽，一死猶能護友于。

（金姑眉壽，予舊識也。一人慾污之，弗從。適船窗開，躍入江死。金姑死後，彼亦不敢逼予。予亦心敬其烈，故云。）

　　記隨女伴到江濱，誓作人間不朽身。遠涉洪濤誰是伴，相依惟有影形親。

　　征帆又說抵長沙，遙望湘靈廟拜嘉。乞翦赤繩教寸斷，莫令哀怨訴悲笳。

（彼至此又將以予屬媒氏，故默乞靈焉。）

　　平地風波息又生，吾生何處乞安平。婉言雖免于飛去，欲報奇冤恐不成。

（至是，又有一扶姓者偕行。）

　　自古成仁總殺身，吾身何必苦逡巡。憑將浩氣還天地，長共貞靈在九垠。

　　昨過關王橋旅店，見二男子中毒死，一女子周身衣服皆縫紉，自縊死。詢之旅人，曰：「昨夜宿此，飲酒嬉笑，雜以歌曲，夜半未止。晨起視之，皆死矣。不解何故。」告之官，飭掩埋而已。余讀壁上詩，乃歎烈女所為，非人所能測也。夫女當被掠時不即死，韜晦匿跡相從千里，卒能以一弱女子制二壯夫，死命仇雪，而以死繼之。奇矣哉！獨未知黃綢被中知之否也。同治甲子九月十九日峨峰老人書。

　　右序與詩，同里黃烈女婉梨之作。予前宿潭市，讀峨峰老人之跋，已悉其顛末矣。茲又宿君殉節之地，不禁悲從中來而為之太息也。予與君所遇略同，而乃勉強偷生，以至於今，愧何如也！猶幸託身君子，尚不至怨怵離耳。夫以君知奇烈如此，爭光日月，何待闡揚，獨惜死事之日，竟無人取懷中之帛，珍重而傳佈之，良可慨已！甲子十月十日同里人匪無匪衣為襲下沒天上沒地山獨尊人來倚謹跋。

　　《天岳山館文鈔》第十九卷《書江南黃烈女事》：同治三年九月十六日，

江南烈女黃淑華，道出湘鄉之潭市，題十絕句於逆旅，自序被掠情狀甚苦，詩沉痛不可卒讀。越日，關王橋客舍有男子二，一中毒死，一絕吭死；一女子自縊於其旁，周身衣服皆縫紉無隙。訊之主人，曰：「昨有兩男子，偕一女子過此。夜半猶飲酒，歌笑喧甚。既聞格拒聲，未幾寂然。犁旦視之，皆死矣，而女懸於梁。」尋報所司，命埋瘞女子，即淑華也。案《序》，淑華黃姓，字婉梨，上元縣人。父秉良，諸生，先卒；兄乃珪，亦諸生；次乃璋，外出；次乃瑾，習舉子業。咸豐癸丑，賊破江寧，家陷賊時，烈女六歲，弟乃璧三歲。兩兄治農圃自給，家故多藏書，烈女從兩兄學，通大義，能詩。既長，擬許字某氏，烈女曰：「吾屬猶燕巢幕上耳，何以婚嫁為？」乃止。甲子六月十六日，官軍克江寧。越日，亂兵至，殺二兄於庭。尋入室，有寶慶勇申姓，掠烈女出。弟牽烈女衣，母跽乞免，申怒曰：「從賊者，殺無赦。主帥令也。」遂殺其母若弟。長嫂至，又殺之。仲嫂不知何往。烈女憤痛，哭罵求速死。申笑曰：「吾不殺爾也。」遂繫烈女於其居。尋遷諸舟，泝長江而上，屢欲犯烈女。烈女死拒之，徧紉上下衣，同舟女伴有金眉壽者，烈女舊識也。一卒欲污之，眉姑弗從。會窗開，遽躍入江死。申繇是不敢逼烈女。舟抵長沙，申知烈女不從己，將以屬媒氏，未果。初，烈女入舟，欲投江者數矣，念不能為母兄嫂弟復仇，死無益也。自是日謀殺申。及抵湘潭，捨舟而陸。烈女私喜曰：「可矣！」亡何，又遇一扶姓者，與申偕行。烈女自念一弱女子，欲斃二壯夫，不濟，則且求死不得。死志雖早決，究未知何術以死，乃題詩逆旅以明志。不意越一日，即得死所也。詳察情狀，大抵以酒醉二卒，因而鴆之。其死後加刃者，必申也。烏虖！烈女以十七齡弱女子，身入虎口越三月之久，皭然不污，以計斃兩勇夫如孤雛腐鼠，又能使姓氏家世及蒙難苦心具見於詩若序，以襮白於天下後世。此其智勇貞烈有卓絕古今者，不獨詩文之工也，可不謂奇女子歟！抑又思湘軍克金陵，救民水火中，斷無殺掠平民之令。而當蒼黃擾攘時，主兵者耳目有未周，如申某等遂乘機淫掠，亦勢難盡免。顧安知此中有烈女其人在哉。而如烈女及金眉姑之矢死全貞，名湮沒而不傳者，又可勝道哉！謹據《湘鄉新志》，具書其事，使海內知有此奇烈，擬諗彼都人士，為請旌表，且為司兵枋者告焉。

　　周太史餘有言曰：天生民而令有別，所以異於禽獸也。自有天地至於今日，世可變而人之所以異於禽獸者不可變。夫何待言？顧愚猶有不釋然者。運有舒慘，時有否泰。女子不幸而遇強暴，舍命不渝，猶之臣之死忠、子之死孝。《困》之象曰：「君子以致命遂志。」志既遂矣，雖謂之無憾可也。至

於盈盈弱質，猝遭浩劫，能以才全其節如黃烈女者，有幾人哉！或遲死一息而悔且無窮，或生不如死而求死不得。此中因果安在，豈所謂「未免怨洪爐」者耶？友人李小峰為言：嘗謁一水師將官，其船旁繫一小艇，粉白黛綠充牣其中，目則盡腫；不忍視，亦不敢問。於戲悲哉！感《梨花雪》一闋，連類書之，為後世百千萬女子叩頭乞命於良將之前，其有頷吾言者乎？

勢豪某者與里之諸生某相識而豔其妻，乃偽為交厚也者。分宅與居，又浼以事，使之出，頻誂其妻。妻知必不免也，乃縊而死。某生歸，不見其妻，而不敢訟，亦不能訟。妻之貞亦不獲旌。於乎！杞梁城崩，東海歲旱，匹夫匹婦之呼吸上通於天，今豈異於古所云耶，抑盈其貫而殱之耶？（卷六，第9～15頁）

王　韜

　　王韜（1828～1897），初名利賓，十八歲以第一入縣學。督學使者為秦中張筱坡侍郎，稱其文有奇氣，旋易名瀚。後更名韜，字仲弢，又字子潛、紫銓，自號天南遯叟，五十後又曰弢園老民。江南長洲（今屬蘇州市）人。其才大學博，倜儻有奇氣，詩古近體皆可誦，駢體文亦多佳製，亦擅小說，著述極富，有《春秋左氏傳集釋》六十卷、《春秋朔閏考》三卷、《春秋日食辨正》一卷、《皇清經解菊記》二十四卷、《瀛壖雜志》六卷、《臺事竊憤錄》三卷、《普法戰紀》十四卷、《四溟補乘》三十六卷、《法志》八卷、《俄志》八卷、《美志》八卷、《西事》凡十六卷、《甕牖餘談》十二卷、《火器說略》三卷、《乘桴漫記》一卷、《扶桑遊記》三卷、《海陬冶遊錄》七卷、《花國劇談》二卷、《老饕贅語》十六卷、《遯窟讕言》十二卷、《淞隱漫錄》十六卷、《弢園文錄》八卷、《弢園文錄外編》十二卷、《蘅華館詩錄》八卷、《弢園尺牘》十二卷、《弢園尺牘續鈔》四卷，都二十有六種。見《弢園文錄外編》卷十一、《霞外攟屑》卷二等。

　　一、據臺灣《筆記小說大觀》所收十二卷本《淞濱瑣話》輯錄。

嚴壽珠

　　生友黎劍儔，善吹笛，壽珠亦工崑曲，每唱必令劍儔按譜度之。壽珠善為抑揚抗墜之音，有時響可遏雲，聲如裂帛。生每聆一闋，擊節稱善。生藏有曲譜，乃內庭供奉秘本，以與坊間俗本相較，音節殊乖，生皆為之一一校正，舉畀壽珠，錦綈玉函，特甚珍異。壽珠見之，詢生曰：「此亦君家藏書之一種否？」生曰：「然」。壽珠曰：「我雖不能讀書，亦愛書史如性命。君家既

富於收藏，何不擇世間難得之本，令鈔胥者另繕副本，仿天祿琳琅之遺制，寄儲外府。妾篋中積蓄金錢，將及一萬，願傾筐倒篋以交君，君其代妾好為之。」生曰：「佳哉！卿不但俠，且又雅矣。」半載之間，或購或寫，鄴架所儲，幾及萬卷。所召鈔胥者，日凡二三百人，一城幾為之空。於是壽珠好事風雅之名大噪，文人學士至金陵者，必迂道造訪，載酒停車，入即開讌，輒以多金饋壽珠曰：「聊助卿買書需。」壽珠亦不復辭，前後所獲無算。（卷三，第 1 編，第 1410～1411 頁）

水仙子

　　江君秋珊，名順詒，字子穀，安徽旌德縣人。……事平，生遍求女（水仙子），莫知女蹤跡所在，料其已死矣。旋有僕人話其自沉消息者，生聞，哭之慟。生之出也，攜圖與俱，及後亦不知流落何所。因繪《願為明鏡圖》，以寄感慨。而求當代名流，為之題詠。吳中西脊山人秦膚雨，為譜南【南呂】一曲，以紀其事：

　　【懶畫眉】驚鴻態度寫生綃，把一幅丹青慰寂寥。將身作鏡伴妖嬈，日日新妝照。但此願何時始得抛。

　　【步步嬌】遇著勾欄人嬌小，買得桃花笑。羨風流似薛濤。紙上兒、依稀替寫伊人照。若從此種愁苗。那曉得畫圖終是、終是傷心藁。

　　【山坡羊】對青青蔣山秋老，舞毿毿柳絲低嫋。冷清清一個秦淮憒，時時水閣停蘭棹。銀燭燒。纏頭費幾宵。向樽前最愛、最愛秋娘貌。意欲藏嬌。築來屋，好招邀。弄鴛弦，鳴四條。堅牢。盼鰈盟成一朝。

　　【江兒水】願化青鸞鏡，妝臺暮復朝。把翠眉兒照見春山掃。絳唇兒照見櫻桃小。綠鬢兒照見花枝嫋。照見低顰淺笑。杏臉桃腮，貪把傾城看飽。

　　【玉交枝】短緣忽了。莽烽煙江南劫遭。流離各自悵鸞飄。訴不盡淒涼懷抱。花前尚想玉人簫。彩雲已散羅裙杳。比新愁秋江暮潮。比新愁秋江暮潮。

　　【園林好】念人兒山重水遙。念人兒山重水遙。更沒些兒音耗。余瘦月似眉梢。余弱柳似纖腰。

　　【僥僥令】青山名士老。紅粉美人銷。縱得做菱花明鏡好，不見昔日丰姿絕世嬌。

　　【尾聲】空來畫裏真真叫。安能榖破鏡重圓宿願消。好把這相思丟去了。（卷六，第 1 編，第 1509～1514 頁）

談豔（中）

　　滬上為煙花淵藪。隸籍章臺中者，皆非一處之人。……不獨以色著，兼以藝稱。能唱大小曲，擅長各劇。人家有喜慶事，亦招之往。鑼鼓喧天，笙簫聒耳，於侑觴中別開生面焉。

　　鄭雲芝，維揚人。工唱《滿江紅》，兼擅崑曲。音韻悠揚宛轉，一波三折，饒有餘情。能於氍毹上演《樓會》《偷詩》諸劇。態度神情，無不畢肖。

　　王水香、王醉香，皆金陵人，各張旗幟，自立門戶。水香能唱大曲，亦工小調，珠喉驟發，響可遏雲。曾學《捉放曹》一劇於曲師，聲情逼肖，雖登臺扮演者，自歎弗如也。唯立品未高，輒有疑似之謗。

　　金彩娥，一字翠梧，海門人。名妓湯愛林養女。授以崑曲，頗有會心，按拍依腔，獨饒情韻。長筵廣席之中，偶度一曲，聽者無不撫掌稱妙。尤擅長《樓會》《琴挑》諸劇。（卷七，第 1 編，第 1520～1523 頁）

記滬上在籍脫籍諸校書

　　（陸小寶）性極聰慧，諸詞曲無所不工。亦能演劇，裝束登場，屢傾一座。如《買胭脂》等，尤所獨擅，見者無不消魂蕩魄，顛倒失志。

　　（陳金玉）頗長崑曲，體肥而性傲。矕虅軒主所謂「百尺樓主人」也。

　　（周鳳林）容僅中人，眉濃而眸倩，歌聲激越，而尤擅場於戲劇。每見其演《昭關》一齣，聲情酷肖，巾幗而有鬚眉之氣，直忘其為女子也。

　　（呂翠蘭）後以事易名謝湘娥。……湘娥能演劇，如《九華山》《翠屏山》諸戲，皆工摹寫神情，頗稱維肖。而於《黃鶴樓》一齣，尤為擅長。滬上之演貓兒戲者，共有三家。一為謝家，推湘娥為巨擘，云娥次之。一為陶家，朱賽玉、賽花為尤著，玉雯蕙質蘭姿，錦心繡口，堪稱絕倫超群。一為李家，獨以紅玉為作手。近如王月娥、王彩娥，亦能裝束登場，別樹一幟矣。（卷七，第 1 編，第 1545～1549 頁）

紅豆蔻軒薄倖詩（上）

　　寶珠，姑蘇人，流寓浙西。工崑曲，略識字，解詩詞。

　　雙喜，居白井兒巷，假父本搬演雜劇者，尤善緣橦。魚龍曼衍，百戲紛陳，自小習之，然即棄去，不屑為也。（卷九，第 1 編，第 1582，1585 頁）

朱素芳

（泰山君主第十三女）曰：「非也。余與素芳為姊妹行，向居月府，墮落人間。君亦廣寒宮校書郎。時清虛府演劇，大宴群仙。素姊以醉後向君一笑，遂結塵緣。惟是兩美之諧，須余撮合。」（卷九，第 1 編，第 1600 頁）

燕臺評春錄（上）

余見芝卿時，蕙仙已死，竹仙已嫁，獨蘭仙在，亦謝客，為大豪所主。秋夕至其家，聞唱《絮閣》一折，風雨淒淒，蕉聲滿耳。聽念奴一曲，真不知人世有愁思也。（卷十一，第 1 編，第 1646 頁）

燕臺評春錄（下）

嘗憶癸亥五月，驟雨如注，慕君驅車相過，約同訪（余）素素。值有客，欲出。素急止之。須臾客去，方共談諧，而召佐酒者數輩。素留予少待，因與慕共論詞曲。素歸問曰：「久憩悶耶，作何消遣？」予告之曰：「《會真記》藻采奇麗，妾夙好讀，顧所賞何等也？」慕曰：「《鬧簡》神奇變化。」余曰：「不如《哭宴》至性淋漓。」素曰：「《拷紅》瀏亮伉爽。」慕以素與余獨以文字相知，舉「我有翡翠衾」一節諷之。素顧余微笑。予曰：「你便知我一天星斗煥文章，誰可憐我十年窗下無人問？令千古文人一齊拭淚。」素曰：「小姐可憐我為人在客。」相與歡笑。已而客麕至，比宴集闌珊，東方既白，遂同載歸。（卷十一，第 1 編，第 1648 頁）

珠江花舫記

阿金，陳姓。姿容清麗，風韻娉婷，待客無生熟，皆極殷勤，以故所歡多作耐久交。豔名噪一時，能唱諸曲，鶯聲嚦嚦中能作變徵之音。尤所擅長者，為《夜觀星象》《曹福登仙》《淮陰歸漢》《魯智深入寺》，每喜與阿奇對唱，抑揚宛轉，酣暢淋漓，無不各徵其妙，變化入神。當其發聲也，嘉賓滿座，蕭然靜聽，雖經千百回不厭也，勾欄中多以「曲聖」呼之，可謂空前絕後矣。

孫姬十五，字阿梅。……姊妹行中，與夢花最稱莫逆，每唱必與俱。珠喉一響，可以遏雲裂帛。最工者如《百里奚會妻》《四郎探母》《白帝城託孤》，聲之高下抑揚，幾與金石相宣，於夢花可稱雙絕。

潤嬌亦字鳳珠，……其唱如《春娥教子》《何文秀附薦》，音容宛肖，以一人而能兼老生、小生、小旦，頃刻間三變其音，講聲伎者，推為絕調。以是綺

筵一開，徵召者紅箋相屬。

彩玉，肇慶人。……所唱如《夜困曹府》，最為擅長。

小青字碧雲，濠鏡人。善唱《花園跑馬》《柴房相會》，稱為河調中宿將。

小鳳，新會人。……能唱《祭奠項良》，愁狀哀情，俱作媚態。餘如《李仙附薦》《打洞結拜》，輒與阿有對歌，並皆佳妙，韻協音諧，聆之忘倦。

銀玉、桂好皆以曲本擅名。銀玉唱《二下南唐》，桂好唱《金花報喜》，正所謂異曲同工者也。

阿奇……唱《三婦氣夫》，淋漓盡致，能令陳季常聽之變色，而作胭脂虎口吻，固自不凡。

小金、小蟬，綺年玉貌，嬰伊可憐。金唱《法場換子》，蟬唱《王大儒供狀》，皆足以卓越一時。阿六字綠筠，阿娥字月纖，均以善歌名。麼弦乍撥，羯鼓初撾，猶作矜持態。及唱至妙處，聲漸高越，旁若無人。如唱《太子逃難》《莊周扇墳》，怳若身臨其境，所以為難也。（卷十一，第 1 編，第 1653～1657 頁）

瑤臺小詠（上）

德春少主人楊德雲。德雲字蕙仙，小名四兒，順天人，楊桂慶之子也。桂慶有假子曰貴雲，字朵仙，以冶名震都下。德雲與之異趣，英爽豪邁，不事修飾，其生質然也。多與燕市酒徒交，而時人恒不喜之。殆塗澤者，易為工歟？庚辰武榜，名列第五。演《李存孝》一齣最工。（卷十二，第 1 編，第 1677 頁）

瑤臺小詠（中）

景和二主人梅凌雲。凌雲字肖芬，小字二瑣，廣陵人，名優梅慧仙巧玲之子。年十四，明慧白皙，工寫蘭，有板橋道人風致。言詞溫婉，雅度恂恂，使晉人見之，當亦歡支公之神駿矣。肖芬在歌場中為小生，善崑曲，近歲崑山曲子，幾如廣陵散，不能無望於肖芬也。

瑞勝和部田際雲，定州人，世所稱「想九霄」者也。幼隸某巨公門下，為小優，巨公出鎮灤陽，際雲乃隨其師某之上海，改習秦腔，時年甫十四五耳。姿韻幽嫻，音調清脆，與凡為秦聲者不同。顧南士多守雌，蔽所習見，尋常征逐，率詡事妖姬姹女，盡態極妍，反謂明僮一流不足掛齒。際雲憤甚，遂於弱冠後復之京師。至則結束登場，發吭引聲，一座盡驚歡。於是貴人達官，下至販夫騶卒，無不嘖嘖想九霄者。或偶覯一面，接一語，則視軒冕圭

組之榮，不啻過之。一時聲譽所流，遂遠勝滬瀆十倍。嗚呼盛矣！

際雲屢往來於京都、歇浦之間，曾為丹桂班主，折閱數千金，然後決然捨而之京，聲華藉甚，聞近已為內庭供奉矣。辛巳歲，覥騠軒主客上海，夜必出郭，觀田郎演劇，雖大風雪不阻，人或疑有他遇，幾無以自明。

綺春少主人時德保。德保字奎芳，吳人，時琴香小馥之子。琴香以青衫擅名，奎芳則為正生色。年十二三，即登場奏技，傾其座人。性婉摯，目微短視，舉止間彌見春容之度。

韻秀少主人尉遲笛雲。笛雲小字三兒，順天人，尉遲韻卿之子。年甫十三四，能演諸雜劇，盡態極妍，如置身於其際，由是有聲歌場中。蓋幼承其父之教，殫以詣力，名即隨之，世固未有苦心而不獲者也。韻秀諸徒，以梅雲、綺雲為冠。綺雲小名長兒，順天人，曲藝甚精，性情亦真摯可近。今梅雲已別樹一幟，韻秀惟綺雲、笛雲稱巨擘矣。

穎和主人李麗秋。麗秋小名官兒，順天人。朱霞芬靄雲之弟子也。霞芬本吳人，幼師景和梅巧玲，溫麗莊雅，為近十數年之冠。師承授受，具有淵源，故麗秋年越髫齔，已聲譽鵲起。及稍長，出籍別居，又從諸名優討論雜劇。性本聰慧，詣復精進，遂幾與楊朵仙、吳燕芳諸人相埒，亦庶乎能卓然自立者矣。覥騠軒主撰癸未第三次花榜，評麗秋曰：「龍跳虎臥，鶯嬌蝶芳。」此八字，自謂能盡其妙。（卷十二，第 1 編，第 1681～1685 頁）

瑤臺小詠（下）

雲和張春生。春生字荔衫，順天人。嫻雅能歌，專習崑曲，獨冠一時，己丑文榜第二。

王蓉字畹雲，蘇州人。色藝冠其曹。為王桂芬之子。桂芬以藝名海上，垂三十年，尚未退老。而畹雲近以楊月樓為師，其名益噪。顧其隸三慶部為優，非其本志，祇以家貧親老，不得已而出此。其性貞介絕俗，常懷以色事人之恨。後忽患痘毀容，殆天之有以全之也。繼而瘖不能歌，依某伶以活。名優下梢如是，可慨也夫！

海上諸伶，以二周為冠。周鳳林字桐蓀，周釧泉字補枝。他如徐介玉、丁蘭蓀，亦其矯矯者也。覥騠軒主云：「僕嘗三至京師，遍觀鞠部，妍姿妙藝，洵不乏人。其間如楊蕙仙之英武，時奎芳之清雋，尤樂觀之。然楊能武而不善歌，時善謳而未工武，蓋全才又若斯之難也。上海富春部雛伶阿福，籍本蘇臺，來遊輦下，乃能兼蕙仙之技擊，似奎芳之善歌，造物生才，何限中外？」

按：阿福操武生藝，兼善《雅觀樓》《雙官誥》諸劇，性極巧慧，然不自修飾，恒敝衣以行市中，未有屬而目之者也。（卷十二，第 1 編，第 1688～1690頁）

蕊玉

重陽日，遊西郭，有秋賽者，野外建高臺，雜陳燈綵，優人數輩，演劇酬神，金鼓喧闐，管絃並作，男女紛沓，粉白黛綠者以數萬計。（卷十二，第 1編，第 1693 頁）

二、據清光緒元年（1875）申報館鉛印八卷本《甕牖餘談》輯錄。

張廣文

震澤張淵甫先生，名履，為句容教諭。……每祠宇間賽神演劇，或涉淫褻之戲，立拘班首，桁楊警眾。（卷一，第 17 頁）

紀潮郡逆民事

逆民鄭錫彤，潮陽縣之沙龍鄉人。……家中畜有戲班，遇喜慶事，張筵演劇，視為尋常。以重金購二童子習技，其一逸去，後尋得之，矐其目。今在汕頭乞食，能言其作惡狀，歷歷如繪。（卷二，第 16～17 頁）

洪逆瑣記

洪逆父子生日俱賜宴，畀以銀牌，並演鄉間雜劇為樂。……賊初以演劇為邪歌，繼於池州得戲班衣服器具數十箱，回金陵，乃招優伶裝演，築臺於清涼山大樹下。東賊觀之喜甚，於是賊中皆尚戲劇。（卷七，第 4～5 頁）

三、據臺灣《筆記小說大觀》所收六卷本《瀛壖雜志》輯錄。

社公祠賽神*

（滬上）南門外多野桃花，亂紅墮水，風景不啻武陵。春時踏青者，多有不至大境而至城外，閒步於短牆曲巷間，尋花而語，別饒逸趣。桃熟時任客入園飽啖，不瑣瑣較值也。離其地里許，有社公祠，松柏蕭森，即俗所呼迎春廟也。每三月間演劇賽神，士女蝟至。（卷一，第 28 編，第 3810 頁）

滬人喜梨園歌曲*

滬人喜梨園歌曲，有聚芳、集賢二局，皆富室子弟為之，競以豪奢相尚。每當薰香剃面，鵠立氍毹，極悱惻纏綿之致，令觀者目炫神移。嘗演《思凡》《斷橋》二劇，盡態極妍，合座為之傾倒。某廣文惡其儇薄也，遂欲窮竟其事。倩人多方哀吁，僅而獲免，歌舞未終，憂患及之矣。噫！（卷一，第 28 編，第 3818 頁）

滬上崑腔*

滬人觀劇不喜崑腔，而崑腔之在滬者，以鴻福為領袖，其次若寶和新劇，亦高出一籌。榮桂年十五六，丰姿綽約，絕似好女子，聆其音雖雛燕嬌鶯不啻也。有三多者，纖腰婀娜，態有餘妍，其他諸伶皆擅絕技，每發詼諧，滿座為之頭沒杯案。予在滬偶觀之，聊抒幽緒。若見弋陽等腔，則掩耳走矣。（卷一，第 28 編，第 3818 頁）

天妃宮演劇*

閩粵海舶多駛往南洋，較航日本者利數倍之。舶中敬奉天妃，甚至一有忤觸，風濤立至，祈求輒應，捷若影響。閩人乃於東關外建立天妃宮，古稱順濟廟，頗巍煥，創自宋末，成於元初，海舶抵滬，例必斬牲演劇，香火之盛，甲於一方。三月二十三日，為天妃誕，市人敬禮倍至，燈彩輝煌，笙歌喧聒，雖遠鄉僻處，咸結隊往觀。謂其地為宮前，崇美飾華，極稱宏敞。（卷二，第 28 編，第 3851 頁）

點春堂*

邑廟旁有點春堂，閩人所建，俗稱花糖公墅。閩人議事，必集於此。園亭軒敞，花木陰翳，虛檻對引，泉水瀠洄，精廬數楹，流連不盡。循石磴曲折而上，有小榭，頗堪延爽，長夏曲師咸集，按節教歌，以為避暑之所。清謳檀板，聽者神移。……乙卯城破，半毀於火。後雖重建，然殊遜舊觀，令人頓有昔是今非之感矣。（卷二，第 28 編，第 3858 頁）

張家花園*

張家花園不知建自何人，今屢易主矣。清曠幽邃，花木蕭疏，惜為伶人所居，半就毀圮。滬上雖稱繁華，然其時未有戲園，間於其中演劇。主席者設燕

歗客，任招歌者以侑觴，略如吳門之例。（卷二，第 28 編，第 3858 頁）

天官牌樓*

天官牌樓，凌氏故宅，本名非園。有四石，古峭拔俗，繼得明張電書五石山房額，遂築室以顏其居。或謂以太湖石五攢峙得名者，非也。舊有彳亍廠、窈窕窗諸勝，後為晴翠讀書樓，頗高聳，可以遠眺。咸豐初年，賃於校書愛寶，下屆優伶。以名流選勝之場，為詗舞生涯所託足，不亦園林之厄歟。（庚申、辛酉間，仁和湯衣谷、湘鄉左孟星先後僦居其地，時相過從，文酒流連。）（卷二，第 28 編，第 3864 頁）

姚燮*

蛟川姚梅伯孝廉，名燮，號野橋。登道光甲午賢書，於學無所不通，著作等身，風行海內。其足以抗手六朝、絕塵一代者，尤為駢儷文，於本朝洪、胡、袁、彭四家外，別闢町畦。詩詞亦已登峰造極。近時所見詞章家，當推為巨擘。時遊滬上，工畫梅花，興酣落墨，媚態橫生，人物花卉，無不奇特。字尤古峭拔俗。晚年耳稍聾，而性極瀟灑，好作狹邪遊，所得潤筆資，揮霍立盡。於買畫之外，絕無所求於人。所交多貴顯者，亦絕不干以私也。其和而介如此。移家寧波郡城，頗有園亭池石之勝。藏書數萬卷，皆精審可傳。所撰有《大梅山館詩詞》《駢儷文榷》《玉樞金鑰》；兼精音律，著有《詞律勘誤》及《褪紅衫》《梅沁雪》傳奇兩種，皆已登木。乙卯客海上最久，與余往還頗密。（卷四，第 28 編，第 3911～3912 頁）

黃韻珊*

黃韻珊孝廉憲清，海鹽人，才氣倜儻，稱於一時。戊午春間，來遊滬瀆，作《海上蜃樓詞》三十首，今僅記一絕云：「牓題墨海起高樓（西人印書館），供奉神仙李鄴侯（謂壬叔）。多恐秘書人未見，文章光焰借牽牛（謂印書車以牛曳）。」時壬叔方刊所譯天算諸書，故詩中及此。韻珊工於小詞，獨饒神韻，曾見其《浪淘沙》一闋云：「秋意入芭蕉。部雨瀟瀟。閒庭如此好涼宵。月自纏綿花自媚，人自無聊。　　別恨此時銷。認取紅綃。鳳箏音苦雁書遙。醒著欲眠眠著醒，燈也心焦。」清脆如哀梨、并翦，圓滑如燕舌、鶯簧，允稱能手。著有《茂陵弦》《帝女花》《凌波影》等院本，膾炙人口。（卷四，第 28 編，第 3913～3914 頁）

劉熙載*

劉太史融齋，名熙載，江蘇興化人。道光甲辰進士，官至翰林院編修、詹事府中允。以廣東學政引疾歸里，為經師設帳授徒，安貧樂道，怡然自得。著有《昨非集》《藝概》兩書，秘諸篋衍，不出示人。同治丁卯，應敏齋觀察蘇松，聘之主講上海龍門書院。時婺源齊玉溪方僑寓滬中，小駐於也是園湛華堂，屢相過從。嘗謂，士人胸次，不可一日無光明磊落氣象。洵哉是言，足以覘劉君學養矣。（卷四，第 28 編，第 3920 頁）

貓兒戲*

教坊演劇，俗呼為貓兒戲。相傳揚州某女子擅場此藝。教女徒，率韶年稚齒，嬰伊可憐，以小字貓兒，故得此名。滬上北里工此者數家，每當妝束登場，戲鑼初響，鶯喉變徵，蟬鬢加冠，撲朔迷離，雌雄莫辨。淋漓酣暢，合座傾倒，纏頭之費，動至不貲。是亦銷金之鍋也。噫！邗上繁華，慘遭兵燹，吳東士女，猶喜笙歌，撫昔感今，能無腹痛。（卷五，第 28 編，第 3950～3951 頁）

桂園觀劇*

近有創為滬北十景者，一曰桂園觀劇……古月山房薪翹氏作十詠以張之。今錄於左方：相傳鞠部最豪奢，不待登場萬口誇。一樣梨園名子弟，來從京國更風華。（卷六，第 28 編，第 3957 頁）

洋涇戲園*

邇來洋涇一隅地，每值新年尤為熱鬧。游女如雲，備極妖豔；釧聲釵影，盡態極妍。……戲園中攜妓觀劇者紛如也。翠袖紅裙，環坐幾無隙地，顧一曲未終，玉人已杳，衣香人影，未免太覺匆匆耳。（卷六，第 28 編，第 3960 頁）

西人戲劇*

西人工為戲劇，如縱躍飛舞，皆以女子為之。短裙窄袖，袒胸及肩，衣裾四周悉綴寶珠，雪膚花貌，掩映於明燈之下，與燭光相激射。臺下奏樂者十餘人，抑揚嘹喨，皆西國樂器也。女子步武疾徐，悉中音節。別有女子尤善馳馬，較北方之解馬更捷。演劇時，山河宮闕繫以畫圖，遙望之幾於逼真。

凡此戲術皆從海外來，偶至一演，非時有也。特價甚昂，非如吳市之看西施，僅捨一金錢已也。其他尋常遊戲，亦有可觀。如電氣之器，能令暗中發光，以數十人連環攜手，執之無不震縮。又影戲，皆以玻璃片畫成，而亦能變化無端。西人於宴客時，酒闌茶罷，率一為之，以供笑樂。（卷六，第 28 編，第 3972 頁）

西人馬戲*

　　西人馬戲，備諸變態，凌虛絕跡，一片神行，誠令觀者目不及瞬，口不能狀。桐華館主有《觀西國馬戲記》，序次明晰，歷歷如繪。《記》云：日落氣清，傍黃浦江行，明星萬點，與波上下，輿轎車輦，絡繹如織。渡浮橋而南，西國戲圃在焉。支大幕為幄，高十丈許，廣蔽數畝，中為馬埒，其形正圓，植柱其中，是為支幕之極。柱懸煤氣燈數十，光明如晝，環埒設座以待客。客入之道在東，埒缺其南，為馳道以通焉。馬之房則在幄外，馳道之左度臺，奏西國樂。樂再作而馬至。男女四人，錦衣繡服，各策馬驟入，環埒交馳，以樂為節，樂少至，八馬對立如雁翅。後有一人炫服驟馬入，立其中，左之則馳而左，右之則馳而右，銜尾焉，比翼焉。周規折矩，參伍錯綜。方目眩神駭，幾不及數馬之多寡，臺上樂戛然一鳴，馬皆立如植，男行女行犁然也。既罷，則間以雜戲。少頃一人揚鞭導一白駒入，無銜轡，及埒則環走如飛，既數周，呵之立止，人以鞭擊，輒作胡旋舞，再擊則再旋。卓鞭示之，輒人立以後足行，既又疾馳。使人張布當其道，馬輒躍過。初為參角而三張之，既復聚而張之如畫乾卦，馬皆一一躍過無留礙。又橫當以木欄，馬復連躍如前。忽有一人花面錦衣，狀如中國戲劇之醜者，手指口語，解者謂訾其馬。馬馳至闌所，果局促若不能過。其人怒，揮鞭連擊，馬輒蹄踢，竟不復躍。合座鼓掌。既復以一駒駕四輪車，入埒繞馳，中道忽不行，力肆騰蹴，當軌故為漆板，蹴之有聲，與臺上樂節相應。車尾有若觕甂者，駒忽以前足立其上，首與御者並，意若佐之推車，環埒再周而下。繼導一馬入，錦鞍無鐙，一女窄衣短裙，赤露臂足，躍登其上。馬疾馳如矢激，女在馬上蹴踏跳擲，有時翹一足為商羊舞，或側身倒掛，作欲傾跌狀，復使人張布當馬首，馬從布下馳過，女躍越之，仍立馬背。三躍三過，不爽分寸，觀者色奪，女自若也。又絡雙馬使並行，抱置一十歲許小兒其上，既上則兩足分踏兩馬，縱轡疾馳，馬蹄風入，小兒故作欲墮勢，又若怖極欲啼者。一人以鞭擊地，

催馬益駛，臺上樂益繁急。少焉馬止，小兒翩然下矣。又有一人錦衣馳馬，其嬌捷作勢與前女子略同，使人手執巨圈當之。馬自下馳，人輒貫圈躍登，自貫一圈至六圈。又有黑女子，蓋阿非利加洲人，立無鞍馬背而馳，後有一兒，視前兒尤小，瑩白如玉，繡衣錦袴，人為抱置馬項，女掣之起，兒即立馬背，揚手驅馬。女復當其腰橫擎之，兒伸足張手，嬉笑作態；旋四掌相抵，兒倒植女頂如蜻蜓。馬行如電不少駐，既息，女抱兒下。人既奇女，彌復憐兒。又有兩馬不施銜勒，入埒交馳，忽兩首相低，一馬前進，一馬倒行；既周，則進退互易如前狀。有一人揚鞭叱之，則帖耳搖尾，踏踏然歸矣。此馬殆不僅知人意，且能通人語也。

桐華館主又作《馬戲歌》，亦具錄之：房星照夜海不波，驊騮蹴踏凌竈竈。巨艑西來幾萬里，足不著地驤雲過。時清不復事馳騁，駿骨妍媚工婆娑。虞廷昔稱百獸舞，馬亦獻技由人和。中原努枺勝苜蓿，塞下饑倒單于贏。由來稱力乃下駟，況復鬥巧尤殊科。申江之濱籥且樂，大開馬埒形圓渦。高張廣幕延座客，冠釵履舄紛何多。中支極柱綴燈百，一一鐵穗開金荷。異方樂作任與昧，律呂和切音相摩。欻然突騎應聲出，錦服各控青絲緺。迴旋往復參伍變，如鳥穿葉龍騰梭。一駒躍入學胡旋，作止赴節無纖訛。有時倔強作人立，實聽人意憑撝訶。馬通人語人馬語，驕嘶矜寵知云何。凝脂點漆兩雛女，異姿同態垂鬟髿。短裙窄袖赤臂足，風吹葉葉輕明羅。奮勇躍登馬背立，細骨不用雕鞍馱。馬如夭激人木植，目未及瞬三周阿。商羊一足舞且蹈，忽若麼鳳緣危柯。舒張作態半起幻，半空彷彿來天魔。更番巨躍復曲踢，分寸不得將防蹉。寧馨小兒出文葆，倒接女頂高巍峨。翩然一跌眾失色，乃躍馬頂呼囉囉。龍駒汗血尚未汗，人則含笑開雙蛾。亦云勞矣且少憩，馬踠餘怒入微酡。動色稱神歎觀止，眼看北斗回天河。刷燕枺越性雄直，似此驅使宣煩苛。豈知馬意亦殊得，何苦千里行逶迆。甘將材武作兒戲，不聽鼙鼓聽笙歌。豈無老驥久伏櫪，徒以就範成蹉跎。憮然太息拂衣起，歸途斜月明煙蘿。香車寶馬莫矜捷，轅中亦有連錢騧。（卷六，第 28 編，第 3977～3980 頁）

西人戲術*

西人戲術，若轉盤，若緣橦，若登梯，若假面具，回巧獻技，不可殫名，而尤以術師瓦訥所演為冠場。戲院頂圓如球，樓岑明燈千點，密於蓮房，其光倒映，朗徹如畫。至時，泰西士女、寶馬香車絡繹奔赴，須臾座客已滿，西人

而外，粵國裙釵蠻姬粉黛居多。臺上障以絳簾，樂作簾開，中懸一八角圖，紙牌徧列其上。術人出與客為禮，以指彈之，如飛絮落花，隨風飄墮。取牌六葉，置鎗中，機動鎗發，振地一聲，而牌仍在架，神斤鬼斧，不倚不偏。又借客之約指、手巾以炫其奇，約指則倩客閉置盆中，手巾則紅、白二輻各剪一圍。略一指揮，則紅白互補，形如滿月，又如較射之鵠，頃刻還原，真如天衣無縫，略無補綴痕；約指已掛臺上花枝，其變幻不可思議。術人取盆一具，內扁而外方，內置一表，倩客鎖閉。臺供一器，形類銅鐘，而有針旋轉，如臺上之針所指何方，則盒內亦然，屢演不爽累黍。最後取客一高冠，其中空無所有，術人手探之，則取出衣一、巾一、袴一、皮盒一。盒長五寸，盒中有盒，層出不窮，至十二具，累累推〔堆〕置案上，使復納入，則一盒都不能容，其巧妙實出言思擬議之外。又向冠中取出紙，裹洋糖餉客，冠轉而糖出，有若連星貫珠，座客食之幾徧。旋將冠置臺表，忽冠中有聲如鎗，震冠為裂，火焰熒然。術人蹈火使熄，冠扁，作愧報狀，乃迭冠入一鉛管中。忽鎗發如震霆，冠懸於梁。梁高不可攀，鎗再震而冠已落地，舉以還客。俄而西國女童自幃際珊珊而出，年約十數齡，一種秀曼之氣，如初出芙蓉，光彩四射，能作廣寒仙子御風而立，又能作壽陽醉態，橫臥空中。其他略如中國搬演戲劇，第妙手空空，絕不借於寸巾尺袱，所以為佳。其最驚心動魄者，則以匕首決人頭也。時絳簾驟下，樂聲烏烏，殊慘人耳。簾啟則術人引之挺臥桌上，出一劍，光鑒毫髮，甫下而頭落，血花直噴空際，術人盛首於盤，下臺遍示座客，頭猶溫暖，面色灰敗。有啟其唇以視，犀齒宛然，仍登臺遣首於頸，喃喃有詞，少頃手足能動，瞬而起坐，與客為禮。恐偃師之技，未必有此神奇。泰西閨秀，至有不敢仰首正視者，此真可謂無跡象可尋者矣。（卷六，第 28 編，第 3980～3981 頁）

西人影戲*

　　西人影戲亦極變幻，五色絢爛，光怪陸離。深山大谷、密箐幽篁，變滅煙霞、繽紛雨雪，鳥獸蟲魚之飛鳴食宿，惟妙惟肖。人物則五官四體運動如生，喜怒各形描摹盡致。最奇者水色山光，別開境界。於時上下一碧，萬象當空，水容蕩漾，月影聯娟，與波光相輝映。又有危樓半壁，倒映斜陽，宮殿參差，見於雲表，泰西各國名勝處皆有畫圖，恍疑身遊其地。最奇幻者，天地甫闢時，各種羽毛鱗介，異形璝狀，不可名識。其在陸者為洋房被火，初則星星，既而大熾，終至燎原，煙從中出，蓬勃如釜上氣，倏焚倏燼，倏而重築，錯落離奇，

不可思議。其在海者為帆船遇風，臺颺撼地，波濤掀天，浪湧船顛，駭人魂魄，兼以聲烏烏如萬竅怒號，忽一輪船自銀濤雪浪中疾駛而至，前來救援，最後如爛錦，如鮮花，又如天上朱霞半空舒卷。影戲之妙至此，歎為觀止！（卷六，第 28 編，第 3981～3982 頁）

東洋戲劇*

滬北近多東洋戲劇，大抵以緣繩踏竿為長技。小兒能蹕足高梯，在百尺竿頭飛舞，奇險莫名，殊令觀者心眩目悸。有二少婦，圓領繡衣，風致翩翩，一善琵琶，雄壯悲涼，頃刻萬變。一碎紙作千百蝴蝶，上下飛翔，渾如身入花叢。他若於紙堆中出明燈數十盞，兩傘十餘具，變幻倏忽，要亦不過搬演之術耳。其有一人仰臥於臺，以兩足承巨鼓，盤旋如飛，或迭置數十箱，狀若累碁，雖高而不墜；日本人呼之為股技。此則具有真實本領者也。（卷六，第 28 編，第 3982 頁）

四、據人民文學出版社 1983 年版十二卷本《淞隱漫錄》輯錄。

徐慧仙

徐慧仙，名敏，小字聰姑，鴛湖人。生於滬上。……生曰：「妹非千眼觀音，安能背後見人？即使臨去秋波一轉，亦豈能普照大千世界哉？」女笑曰：「兄才記得《西廂》一二句，便來奚落阿妹。兄來甚佳，妹近日正擬繡字，兄有新詩，請題其上；但須作楷書，不至妹費目力。」（卷四，第 188～189 頁）

姚雲纖

姚錦，字雲纖，一字仙裳，平湖世家女。以姊妹行序齒居七，故皆呼曰七姑子。幼不喜操女紅，獨好弄弦纜，唱歌曲，一學便工。隔鄰蒯氏兄弟，皆遊冶子，延曲師教習，長夏無聊，輒曼聲度曲，按拍依腔，引商刻羽。女鑿壁偷聽，得其指授，無人時轉喉學唱，音韻抑揚，不爽累黍，諸善才聆之，悉以為弗及也，因是呼女為「曲聖」，更從事於絲竹，鏗鏘嘹亮，益復可聽。一日，有窮措大攜書求售。女父適他出，女問何書。曰：「此納書楹《綴白裘》也。」女睇旁行斜上之字，知即所填工尺，欣喜如獲至寶，立拔頭上釵質錢易之。於是循音求字，漸能通曉。再讀詩詞，恍如夙習。（卷七，第 320 頁）

泰西諸戲劇類記

　　泰西向有緣繩之戲，以一繩長逾數百丈，繫其兩端於危樓高塔之間，演者躍身其上，若履坦途，其技之神，蓋有挾山超海不能喻其難，臨淵履冰不能形其險者矣。昔時群推法人為獨步。嘉慶二十二年秋，日耳曼列國諸君集會於奧京維也納，奧為盟主，執牛耳焉。適有法人慾獻是技，約於其日出演。國君預召一日耳曼人嫺習繩技者曰哥利德，命與法人角技高下。屆期簪履紛來，冠裳畢集。法人躍行繩上，其捷如風，猱升高塔之杪，速於猿玃。回時甫及半際，適逢一人亦緣繩而上，闊僅駢兩指許，兩人相值，無地可避。時觀者雲集，無不為之心寒股栗。法人至是亦手足罔措，不知所出。日耳曼人從容語之曰：「俯。」法人如其言，日耳曼人一躍過其背。數千人齊聲讚歎，有若雷鳴。法人大慚逸去。由是哥利德以絕技聞於當時。

　　繼哥利德而起者，有都比倫敦，亦法人也。都比生於道光四年，其父捕魚為業。五歲時曾往觀緣繩之戲，心竊羨焉。歸而壹志學習，務極其能。初以其母曝衣繩繫於兩椅間，試行之，人重椅輕，身仆於地；繼取魚索試之，亦斷；最後得一巨纜於舟子，喜曰：「是可置我足矣。」遂繫兩端於二樹間，以杖搘地而行其上，防其墜也。旋去杖而持一蓋，繼而並蓋去之，空身往來，絕無怖恐。久之，身輕足健，視懸絙之駕空，無異平橋之在望，由是業日精，名日著，歐洲之演是技者，無敢與之頡頏，哥利德之聲譽，反因此而掩矣。都比挾其所長，周遊列國，觀者爭輸金錢，獲利無算。同治甲子冬間，航海至香港，港人樂觀其技，咸嘖嘖稱道之。都比向在美利堅演技一事，尤為膾炙人口，至今歐美兩洲之人，尚述之不衰。美利堅北境與英吉利屬地分界處有大江一，曰尼押格爾拉。是江上流高於下流約一百六十尺，廣約一千一百尺，上流之水奔騰澎湃而下，狀如瀑布，聲聞百里，轟雷掣電，滾雪翻銀，眩目駭心，視為奇境。江之下流兩岸，石塘頗為高廣。都比於對岸兩塘繫以長繩，離水約二十餘丈，凌空特起，遙望之如天末長虹。倘據此而俯首下窺，心膽為之震栗。都比行於繩上，手執一杖，盤旋戲舞，忽坐忽眠，如在平地。時有輪船一艘泊於江中，藉以防失足下墜之虞。都比行既至此，即於囊內取一繩垂至船中，船主以酒一瓶繫於繩端，都比收繩得瓶，啟瓶飲酒，酒罄，擲瓶於江，迤邐而去，竟達彼岸。是日遠近來觀者如堵牆，約二萬五千人，莫不鼓掌稱奇。逾時復回此岸，問岸上有人願至彼岸者否，能負之而過。三呼，卒無應者。然都比於此，猶以為未竭所長也。因負木棉一捆於背而行，

離岸二百尺，復繫一竿於繩，而取一牌懸於竿上。既抵彼岸，復攜小車一乘而回。是時觀者莫不目注神凝，屏聲息氣，歎為得未曾有。都比之名由是噪甚，幾於婦孺皆知。

近今則有車利尼馬戲焉。一女子年十五六歲許，皓齒明眸，雪膚花貌，短裙窄袖，袒胸及肩，衣裾四周，悉綴珠寶，光怪陸離，不可逼視。始而馬自馳行，疾徐進退，悉中音節。臺上奏樂，聲韻悠揚，馬之步武，無不咸合。繼而女子控馬疾馳，較北方之解馬，尤為迅捷，箭激星流，凌虛絕跡，飆飛電邁，一片神行，誠令觀者目不及瞬，口不能狀。所御之馬有錦鞍而無鐙。復有二女子年稍稚，臂足皆露，躍登馬背，蹴踏跳躑，坐臥起立，一任其意。有時翹一足為商羊舞，或側身倒掛，作欲傾跌狀。復使人張布當其道，馬從布下馳過，女躍越之，仍立馬背，三躍三過，不爽分寸。觀者神悸色奪，而女自若也。又橫當以木欄，馬連躍徑過，並無留礙。最後有貫圈之戲，使人手執巨圈當之，女從圈中出，馬從圈下過，環埒馳行，能超越十六圈，而察女雙足，一若未嘗須臾離繡韉也。斯技也而進乎神矣。又絡雙馬使並行，女子兩足分踏兩馬，縱轡疾馳，馬蹄風生，馬行益急，臺上樂益繁促，最後四馬聯行，磬控縱送，無不如志。此外則有錦衣花面，狀如中國之小丑。口講指畫，嘲笑詼諧。或故為可驚可愕之事，以博人軒渠。不解西國方言者，亦隨眾喝絕而已。更有兩馬不施羈勒，入埒交馳，環場一周，忽爾一馬前進，一馬倒行，其首旋轉俯仰，其足騰踔疾徐，一若妙合規度者。久之，兩馬互易如前狀，一人突出，揚鞭叱之，乃搖尾帖耳，踏踏然歸矣。兩馬又能舉前足如人立，有挽四輪車出者，兩馬以前足踏車尾，骳骶仰首自得，一若助人作推車狀。說者謂眾馬並能知人意，不僅通人語已也。車利尼之馴養教導，可謂獨具一片苦心矣。

車利尼劇場中亦有女子能嫻繩戲，但不以此為絕技也。按繩戲在中國自古有之，始行於戰國之季，非特泰西為獨擅也。漢代以為百戲之一。張衡《西京賦》云：「走索上而相逢。」李善注：「索上長繩繫兩頭於梁，舉其中央，兩人各從一頭上，交相度，所謂舞絚者也。」晉《樂志》云：後漢天子受朝賀，舍利從西來，獻於殿前，「以兩大繩繫兩柱頭，相去數丈，兩倡女對舞，行於繩上，相逢切肩而不傾。」又唐睿宗時，婆羅門國戲人能倒行以足舞。大抵此戲起自印度，流入中國，即歐羅巴洲亦沿印度之風歟？然近日西人戲術之優者，若轉盤，若緣橦，若登梯，若吞刀吐火，若搬演雜劇，回巧獻伎，盡態極妍，有鬼神不能測其機，幽冥不能窮其幻者。

泰西著名之術師曰瓦訥，所演尤為擅場。臺上障以絳簾，樂作簾開，中懸八角圖，遍列紙牌，術人彈之以指，如飛絮落花，隨風飄墮，乃取六葉置槍中，機動槍發，振地一聲，牌仍在架。又向客取銀券，取金表，券則焚之以火，表則貯以磁盤，佯為失足，碟碎表損。術人謂此物已無用，納之巨槍管中，舂以鐵杆。俄而，槍發如震霆，諸表悉掛於圓盤中，碟亦在焉，尚缺一角。術人覓地得之，向盤遙擲，碟即完而不缺；更取臺上畫燭擘之，銀券宛在其中，故無恙。又借客之約指、手巾，約指則倩客閉置盒中，堅持之，手巾則紅白二幅，各翦一圍，須臾，紅白互補，形若滿月，略一指揮，仍如故，略無補綴痕；約指倏掛於臺上花枝。最後取客高冠，冠中空無所有。術人手探之，則取出雞鵝鴿鳥無數，飛走滿臺；更有玻璃缸一，金魚游泳，荇藻交加，水溢於外焉；又取出皮盒一，其圓若球，盒中有盒，層出不盡，凡十有二具；冠中有紙裹洋糖，一轉即出，有若連星貫珠，以飼座客幾遍；頃之，冠忽作爆裂聲，烈焰驟騰。術人踏火使熄，冠扁，乃迭冠入槍管，槍發作霹靂鳴，冠懸於梁，槍再震而冠落，舉以還客。其最驚心動魄者，則以匕首決人首也。

如都比，如車利尼，如瓦訥，皆以一技之長負盛名，邀厚值。而中國之具此能事者，僅糊其口，救死不贍。噫！何相去懸殊哉！（卷八，第 380～383 頁）

二十四花史（上）

一曰小阿招。

> 籍甚登場小阿招，花冠璀璨揚雞翹。周郎顧曲溫侯戟，道是英雄卻是嬌。

小阿招者，帽兒戲中之小生也。當同治戊辰己巳間，滬上猶盛行此戲，新北門外多有之。地頗湫隘，雛姬二三人裝束登場，演諸雜劇，大抵以能歌崑曲為最上，小阿招則其尤著稱者也。綺齡僅十五六，顧盼多姿，歌喉如鶯囀谷，醞而出之，其摹寫盡致處，若親見古之人而與之周旋上下，故觀者恆搖精動魄，不能自己。（卷十，第 463～464 頁）

東部雛伶

濟南多女樂，土人名為「擋子班」。所演雜劇，足與菊部諸名優相抗衡。至其靚妝袪服，妙舞清歌，則有過之無不及也，以故趨之者如鶩。乙酉夏，大吏嚴諭禁止，諸伶無大小，悉拘歸官鬻，且定令人二十千，不得適聽鼓人

員與橐筆幕客。於是鑷發鰈叟，歷齔牛兒，以及走廝灶養，皆得解囊，人購其一。嗟乎！以桑榆暮景，而配駔儈下材，李清照且慨乎言之，況茲皆妙齡弱質哉？夫亦可謂煮鶴焚琴，鋤蘭刈蕙，大殺風景者矣。爰記一二於左。

蓮熙，字蓉卿，沂州蘭山人。隸蓮喜班。年始十五，粹質穠姿，目長而曼，每回眸一顧，令人魂消。所演能兼生旦，而尤工崑曲，《卸甲》《探營》《水鬥》《琴挑》之屬，皆所擅長。班中姊妹行十餘人，蓮獨為之冠。又有小喜者，面如皎月，聰慧善解人意。每嘉客至，偎傍肘下，有如飛燕之依人。年僅十二耳，故未甚藉藉。懷珠山人時為某觀察署中上客，管領風花，支持月旦，與紫曼陀羅館主稱莫逆交。曲巷閒門，時相過從。一見蓮熙，即眷愛之，暇輒與友過訪其家。蓮款待甚殷，然其舉止之間，若常有羞澀可憐之態，蓋天性然也。未幾，山人因公赴東郡，與蓮話別，彼此黯然。山人以素帕留贈，蓮亦以卵色羅報，且曰：「歸時當並驗，以見淚痕之誰多也。」山人過荏平，見壁間有王子夢湘題《憶秦娥》一闋，頗饒風韻，因步其韻，以寄蓮曰：

　　歸心急，銀河咫尺人猶隔。人猶隔，夢中歡笑，醒時悱惻。　撩
情幾縷垂楊碧，銷魂一片桃花色。桃花色，重逢人面，再拚一月。

既返，設宴其室，選色徵歌，極一時之盛。歷下亭者，濟南之名勝也，在大明湖中，一水浮空，群峰環碧，四面遍栽芙蕖，杜浣花詩所謂「海右此亭古」者是也。山人乃折簡邀賓，大會諸名士於中，或彈棋，或賦詩，或作畫，或寫泥金團扇，則皆諸伶所丐也。蓮與諸姊妹乘一葉扁舟，撥綠分紅而至。見諸人之吮毫也，為之研隃糜，展赫蹄，隨物位置，悉能如人意指。晚則氍毹一展，歌吹四流，幾疑《霓裳》一曲，只應天上，人間那得幾回聞矣。嗟乎！曾幾何時，而已盡風流雲散哉！局中人思之，能無腹痛！

閻九，字玉香，東昌聊城人。隸四喜班。頑石道人曾撰《歷下記遊》，已詳載之。色藝為諸部之冠。然九之登場也，宜弁而不宜釵，方其角巾褒衣，丰姿玉映，顧影罕儔，真有翩翩濁世佳公子之態。至演小喬夫婿，則又英姿颯爽，如見名將風流。當時或以他出許之者，猶皮相也。紫曼陀羅館主，今之廣大教主也。為花月之平章，作風雅之領袖，嘗至其家，或呼之侑酒持觴政焉，喜其舉止落落大方，絕無脂粉習氣。時同遊者為陸玉遐孝廉，與之最昵，《記遊》中所謂淚濕羅帕者，即玉遐事也，亦可謂鍾於情者矣。後擇配令下，適一俗子，頗怏怏。紅顏遺恨，千古同嗟。

黑妮兒，不知其真姓名，隸福喜班。面亦頗潔白，非名副其實者。其演

劇也，生旦淨丑、文武雜出，皆優為之。尤善詼諧，聞其科諢者，無不頤為之解，眉為之軒，故能於諸部中別樹一幟。門外車馬喧闐，貴客常盈座。後適人去。紫曼陀羅館主以並未一至其家為憾事云。

巧玉者，直隸吳橋人，隸吉升班。豔名久著。今雖徐娘半老，而一種楚楚可憐之狀，尚足動人。能唱正生。其演《進蠻詩》《審刺客》諸劇，摹繪情形，惟妙惟肖，其調高響逸處，尤能繞畫梁而遏行雲，蓋古之韓娥類也。至其登場，面目隨時更換，演《一捧雪》之莫成，則忠義奮發，勃勃若有生氣，至代戮時能涕淚俱下，觀者亦不覺線珠之滾滾也。客至其家，款接之殷渥，吐屬之風雅，他雛姬皆不能及，誠尤物也。巧玉已有所主，然不免在二十千之列云。

潘玉兒，小字天仙，大梁人。年十有三齡，即隸喜慶。初為正生。豪情逸韻，擊節高歌，聽者為之神移，而自不覺座之前也。旋為三升以重價聘去。偶見藕卿裝束登場，旖旎風流，心竊慕之，潛自揣摹其形狀，久之，悉擅其所長，柔情媚態，更出其上。適藕卿為一顯者所昵，代脫樂籍，玉兒遂兼為小生。性頗柔婉，纏頭之費，從不與人計較，以故枇杷巷底，車馬喧闐，一時聲價倍增。夢琴仙客久旅歷下，最喜玉兒，每聞玉兒演劇，雖遠必至，隔坐靜聽，輒為之正其節奏；下場見之，必招令入席侑觴，告以曲折有誤，必令按腔改唱，自稱為顧曲周郎。玉兒慧敏受教，不以為忤，而以為樂，如是者有年。及縣官驅妓令下，悽然曰：「寧為才子妾，不願為俗人婦也。顧我閱人多矣，從未有一相識者可託終身。惟夢琴愛我，然格於例；至年齒遲暮，所不計也。」蓋夢琴為幕府上客，當道甚器重之，年亦六十餘矣，鶴髮童顏，尚稱矍鑠。鴇以玉言走告夢琴，夢琴躍然起曰：「個妮子果有斯志，當代籌之。」遂倩他人應名，而別營金屋藏嬌焉。於是每逢花氣侵簾，月光入牖，夢琴撫笛，玉兒奏歌，為消遣計。不意好事多磨，夢琴遽以消渴疾卒，旅橐蕭然，無以為殮，蓋雖為名幕，而南轅北轍，揮霍已慣，去家千里，孑然一身，自友朋外，無一戚串。玉兒盡出其釵釧衣裙，鬻諸市，供喪費，並購地於趵突泉旁，埋其骨焉。事既畢，即往某尼庵，削髮入空門，絕無依戀。玉兒自謂此繫命焉，不可強也，決棄舞衫歌扇之因緣，而為茶版粥魚之生活，蓮性潛胎，荷絲竟殺，煙花中人，又何不可立地成佛哉？

娟兒，一字慧珠，東昌人，隸福慶班。年僅十四。明眸善睞，容態動人，而一串珠喉，有若曉鶯雛鳳，故選色徵聲者，輒推為巨擘，以是豔名獨著。瓜

字將分，風情半解，眉語眼波，銷魂真在個中。所居邃室麴房，尤為幽靜。庭中多栽秋海棠，片石孤花，別饒雅趣，入其室者，幾忘近於市廛、甚囂塵上也。工小曲，頗記近事。出語詼諧，妙解人頤，顧非與客素相稔者，不輕發聲。至若粉墨臨場，則又慷慨淋漓，哀感頑豔，傾其一座；裝束既改，面目亦更旖旎溫存，別有一種情致矣。時有山右王君者，碩腹賈也，賞其明豔，擬出千金為之梳櫳，然娟兒弗願也，婉辭卻焉。王忿甚，索還所贈物。娟遽出己資，入闤闠售物如客所贈者凡三四，令王自擇，王慚而去。娟卒隨一貧士，伉儷甚相得。初入門，見己平日所彈琵琶懸於壁間，遽起擲之階下，裂焉。賓客盡愕，莫解娟意。娟曰：「今為良家婦，豈復需此？不能斷我手，故假樂器以明志耳。」乃盡歎服。娟之能自立，亦可見矣，宜其出淤泥而不染也。

鳳兒，小字玉鷯，武定人。進高升班時年止十五，歌舞超群，已稱絕藝。演《天水關》《二進宮》等劇，音調高逸，聲情激越，聽者盡怡。有客於紅氍毹上見之，疑其志厲風雲，詞成廉鍔，眉宇間棱棱有逸氣；逮乎歌衫既卸，妍態畢呈，頃刻頓若兩人。蘋香榭主曾與之訂歡，往來莫逆，纏頭羅綺之屬，饋贈盈篋笥，無所吝也。鳳亦先意承志，曲盡繾綣。一日，以有事將去歷下，鳳特邀諸姊妹，盛設祖帳，餞行於蔚藍軒，肴饌既陳，笙簫並作，合演《長亭》《草橋》諸出，盡態極妍。演竟，重複入席，洗盞更酌，諸妓更以羅帕錦帶贈客，為別後相思之徵。眾謂數十年來，無此風流韻事矣。

錦兒，字寶瑟，章夏人。以家貧，墮落平康，致為鞠部雛伶，非其志也。年十五，猶梳雙鬟，一切皆尚吳門結束。工顰善笑，謔浪自喜，女中之東方曼倩也。態度瀟灑，舉止蘊藉。既扮小生，輕衫小扇，流盼生姿，居然翩翩顧影美少年也。隸四喜，推為翹楚。眉黛時有隱憂。客或有詰之者，俯首不答。固問之，則曰：「其中自有不可言之隱在也。」或有代為之謀者，則又含涕以謝。耕煙羈客往來會垣，所至以錦兒為主，資用出納，衣服浣濯，一切皆錦兒所司，錦兒亦願嫁之，託以終身。後客別有所眷，遂與錦兒絕，因是大為姊妹行所白眼，蓋錦兒倚門買笑所蓄，悉以畀客，而為客所乾沒也。錦兒歎此中不可以處，一日，自劇場歸，手調紫霞膏，以自畢命焉。嗚呼！客非人也，負錦兒多矣。

珠兒，小字如意，籍本蘭山，自幼寄居天津之吳橋。年已及笄，姿態娟妙，豐神獨絕。唱「折柳陽關」三闋，柔情繾綣，韻致纏綿，殊令人之意也消；其餘所嫺詞曲甚多，而此為獨步。每演是齣，座客常滿。珠兒尤以歌勝，

韻可繞樑，脆堪裂帛，其錯落若走盤，尤不愧珠之一字。頑石道人常偕友往訪之，珠兒知其為名下士，款待周旋，尤為優渥。時道人將回江左，友人即於珠兒妝閣餞行。酒半，抗聲高歌，響震金石。歌竟，捧觴為生壽，曰：「兒不願久於風塵，意將擇人而事，特意中尚不知有誰何。筆墨稍閒，敬乞作一小傳以表彰之。」道人當時諾之而未果。明春，忽患時痘，遽爾怛化，叢葬北邙。吁！亦可傷已！

天南遯叟曰：「齊饋女樂，見於《春秋》，意者其亦管敬仲女閭三百之遺風與？維揚謂之『髦兒戲』，不知始於何時。上海向亦行之，今廢。粵東女班不亞於梨園子弟，始則歌衣舞扇，粉墨登場，繼則檀板金尊，笙簫侑酒，真曲院之翻新，綺遊之別調也。余友頑石道人著有《歷下遊記》，閱之聊當臥遊。紫曼陀羅館主之至也後於道人，亦復綴其近聞，出以示余。余雖不得至，心嚮往之，筆之以代耳食。」（卷十一，第 498～503 頁）

三十六鴛鴦譜（下）

四曰陳金玉。……金玉為蘭隱女史之妹，即所謂陳小寶者也。豐容月滿，媚眼花妍，肥同太真，短若香君。頗識字通書史，室中圖書彝鼎，位置殊雅，風雨幽窗，時藉筆墨以自遣。工崑曲，婉轉悠揚，令人意遠。伊園主人新自汴州回，勾留滬上，著意尋芳，苦無一當，適在廣場聞姬獨唱南詞，響可遏雲，心焉賞之。（卷十一，第 526 頁）

名優類志

戲院之閎麗，優伶之美備，徵色選聲，多材善藝，莫如上海，他省悉弗及焉。客有自汴州返棹者，述及汴中向有「兩天」之謠，一為酒館天景園，一為伶人天鳳也。天景園烹飪得宜，頗具江浙間風味，人多樂就之。天鳳隸福慶班，為豫省第一名旦，諸曲皆工，而色尤冶豔。鳳年未及冠，貌如處女，當裝束登場，一種秀逸之態，嫵媚之情，真足蕩魂攝魄。曾在北帝廟演劇，有小家女見之，心大愛慕，垂注良殷，歸而眠食俱廢。其母苦加研詢，則曰：「此生不嫁則已，嫁非某伶不可。」其母不許，女涕泣求死。不得已，遣人往詢天鳳，而鳳室固有妻在，還告女。女曰：「得嫁某伶，雖居妾媵之列，亦所願也。宵征抱裯，並無所悔。」鳳聞而深感焉，亦遣冰人往求，許以納聘禮，竟嫁為小星，婉娩相依，極稱順淑。鳳妻貌遠出女下，見女吐曰：「此禍水也，將傾我家矣！」妒女甚，百端虐待。女順受無怨言，且屈意事婦，

終不得其歡心。未半年，鳳病遽逝，女竟吞阿芙蓉膏以殉。鳳妻未釋服已從惡少去。嗟乎！如意有珠，返生無藥，如生者，亦足悲矣！聞其班中人言，女貌亦與鳳相埒。武清梁念庭久客大梁，習知近事，悉鳳事甚詳。嚴君紫縵有記，余故得稔其顛末。

小梅者，亦著名之優，旦中之傑出者也。豫省梨園有三部：曰榮升，曰慶福，曰福喜。其為優伶者，多本省子弟，裝服黯淡，音節侏儷，幾於索然厭聽，味同嚼蠟。小梅隸榮升班，庸中佼佼，獨能冠其儕輩。匡晴皋，豪士也，家本黃州。生平足跡，已半天下，一日見小梅演《思凡》一齣，心大嘉賞，自此聞小梅登場，必往觀之。同幕諸君俱習見京中名優，咸不以為然。紫縵曰：「諸君何過泥也？夫乘舟於萬柄蓮香中，臨風映日，別樣鮮妍，見者或不以為異；至於齋院之間，一盆一盎，植藕其中，或開一二花焉，則珍而視之矣。今小梅在此中，得無類是？」皆笑而頷之曰：「然。」由是小梅名益噪，而於匡君頗有知己之感云。

滬上昔日盛行崑曲，大章、大雅、鴻福、集秀尤為著名。鴻福班中之榮桂，集秀班中之三多，俱稱領袖。一登氍毹，神情態度，迥爾不同。三多身材纖小，行步婀娜，其聲紆徐以取妍，清脆而合度，真可謂色藝並擅者也。榮桂綺年玉貌，洵如尤物，足以移人。每演《跳牆》《著棋》《絮閣》《樓會》四齣，觀者率皆傾耳注目，擊節歡賞不止。榮桂容尤嬌豔，兩頰微紅，渾如初放桃紅，益增其媚。時滬上蒯紫琴、陳子卿輩方以清客串戲，創名「集賢班」，會演於西園，一時來觀者，翠袖紅裙，樓頭幾滿。王子根又招演於其家，余忝首座，特呼榮桂隅坐，執壺殷勤相勸，於是滬城之妓前來侑觴者，幾空冀北之群，可謂極花月之大觀，盡笙歌之盛事。今不復見此樂矣。榮桂後蓄厚資，自為領班。

近日盛行京腔，弋陽腔、徽班次之，至崑曲，則幾如廣陵散矣。然吳人尚能為此調，余所心賞者，得二人焉：一曰鳳林，一曰桂林。鳳林字桐蓀。工書，尤善鐘鼎文字。能作小詞，執贄申左夢畹生門下為詩弟子。生平事母極孝，出入必告，以絃歌之資奉甘旨外，購田宅於吳門為退步計。客有日暮途窮者，桐蓀解囊助之，其人得不困。慷慨好義，士大夫且難，況得之梨園中人哉？足以風矣。夢畹著《粉墨叢談》，以桐蓀冠一軍，良有以也。甲申之秋，桐蓀度曲於滿仙園，一時貴官畢集。既夕登場，諸技曲呈，無不盡態極妍，座客咸稱善。翌日，金粟庵病腳僧與桐蓀彈棋於汶水臺茗園，桐蓀出奇

制勝，遠出其上，病腳僧自歎弗如。是時桐蓀之名噪甚，銘佩農尚衣招同徐畹蓀令尹、潘東園郎中張燕於拙政園，桐蓀所演諸劇，群蒙讚賞，龍門既上，聲價益高。在滬相識多名流，詩詞贈答，幾盈卷軸，而其性情和平蘊藉，絕無時下優伶積習，洵有足多者。意琴室主謂桐蓀能詩而又任俠，較近日之自命為詩人、自負為俠客者，亦遠甚矣，賦二十八字贈之云：

一曲移情孰與儔，梧桐棲鳳幾生修。仙心俠骨非凡品，信是梨
園第一流。

桂林字蟾香。以同時亦有桂林，故加小字以別之。來滬僅數月，在三雅戲院，年止十九齡。先以桐蓀為師，意韻纏綿，情致曲折，別有心授。每演《折柳》《絮閣》兩齣，意態逼真，聽者為之神移。桂林不能飲酒，量幾不勝蕉葉；又素不嫻拇戰，惟端坐席上，人與之言，則作靦覥色。秉性聰敏，於曲譜之陰陽清濁，一見即辨。近日讀秦九、柳七詞，頗有所悟，戲填《如夢令》一闋，妙合宮商云。

京師素重優伶，色藝甲天下。近得此中翹楚者十人，亦堪與桐蓀、蟾香並駕齊驅。有好事者特加品題，為區甲乙，操芳叢之月旦，志香國之風流，備列姓名，登之花榜，每人均比以一花，而繫以一贊。

一曰蘭卿。隸春桂班。芬芳幽潔，有似蘭花。贊云：

宛宛幽谷，實生猗蘭。仙人採之，遊戲雲端。順風翔步，進止
閒安。脣俟鮮櫻，眼暈微瀾。魏女罷縫，楚妃慚歎。嫣愁展笑，為
眾賓歡。

蘭卿豐格娉婷，腰肢輕亞，逸韻閒情，自然有致。比以王者之香，夫何愧焉。

二曰珊珊。隸永和班。豔冶嬌憨，有似杏花。贊云：

珊珊明秀，產於燕野。膚昭雪映，臉暈霞赭。轉喉清妙，應弦
高下。賓從絡繹，賢愚同冶。高不違俗，謔亦諧雅。杏花晴日，以
擬粲者。

珊珊容斂朝霞，眸凝秋水，圓姿秀靨，別具風流。比以杏花之綽約嫵媚，庶幾似之。

三曰三順。隸榮慶班。清淨娟妙，有似蓮花。贊云：

靜女其姝，豐容愉愉。處囂若寂，含慧如愚。誦言則笑，聽言
則俞。賓筵高張，佩悅安徐。天然之寶，無假範模。我言匪諛，如
蓮出污。

三順貌似六郎，面如滿月，凌風出水，搖曳多姿。擬以荷花映日，竊謂過之。

四曰如意。隸德魁班。窈窕冶媚，有似桃花。贊曰：

> 娟娟如意，灼灼流光。吹管調絲，招我由房。雋言清辨，四座
> 莫當。羅衣綺襦，左右迴翔。善謔匪虐，不薰而香。桃花猶在，劉
> 阮神傷。

如意善於詞令，齒頰流芬，含芳蘊豔，麗自天生。桃花流水，掩映夕陽，亦足以傳神阿堵矣。

五曰湘雲。隸湧泉班。紅豔生嬌，有似海棠。贊云：

> 頎頎湘雲，北里之美。明月照雪，清光四起。十指削蔥，雙瞳
> 剪水。宜嗔宜笑，嬌於紈綺。高名在口，不矜以喜。敢借春陰，護
> 茲瓊蕊。

湘雲素面呈妍，清矑流盼，長身玉立，有如玉樹臨風，自然名貴。擬之露浥海棠，別饒潤澤。

六曰素芬。隸玉蓮班。爛漫絢麗，比以木芙蓉。贊云：

> 玉池採蓮，素芬遠出。含芳佩華，皎若圓月。娟娟豐容，珊珊
> 秀骨。微笑無聲，清言徐發。薄採秋花，倫擬素質。晴江澄練，清
> 怨未歌。

素芬娟秀微妙，有似絢爛之後，歸於平淡。擬以木芙蓉，蓋神似也。

七曰笑梅。隸山泉班。豐麗穠粹，似芍藥。贊云：

> 英英笑梅，壯氣噴薄。解我繡襦，披我羅幕。任情獨往，誰美
> 誰惡。翩翩冠玉，豔質斯託。高展翩躚，長裾綽約。安仁可作，贈
> 之芍藥。

笑梅倜儻風流、端莊流麗兼而有之，故以芍藥媲美焉。

八曰小翠。隸寶樹班。色麗容嬌，似玫瑰。贊云：

> 馬纓花下，列屋重重。小翠攸宅，意遠態濃。豔花當月，流波
> 泛風。尊酒未終，香肢告慵。色授魂與，眾賓融融。柔枝冶葉，玫
> 瑰攸同。

小翠具柔媚之姿，出以矜持，目可得而玩，手不可得而觸，有似玫瑰。

九曰翠雲。隸蘭馥班。花濃雪聚，似繡球花。贊曰：

> 蘭馥第九，美名接武。翠雲晚出，亦為時許。溫如玉潤，濃若
> 花聚。香肩承頤，長鬢壓輔。維其靜逸，無損媚嫵。疇雲繡球，非

　　眾芳伍。

翠雲玉潤珠圓，別饒豐致，繡球之比，言其實也。

　　十曰小卿。隸寶樹班。香遠質麗，似真珠蘭。贊曰：

　　　　太璞渾渾，良質溫溫。南有小卿，亦以色珍。外逸中慧，跡疏
　　情親。雖居囂塵，慎於語言。孤芳自馨，靜志不喧。敢援珠蘭，竊
　　比玉人。

諸伶皆產自北，小卿獨來自南，別饒丰韻，自具芬馥，比以珠蘭，洵無不宜。

（卷十一，第 530～535 頁）

李慈銘

李慈銘（1830～1894），原名模，字愛伯，一字蓴客，晚號越縵。會稽（今浙江紹興）人。清光緒庚辰（六年，1880）進士，歷官山西道監察御史。愛伯初官郎署，負盛名，晚始成進士，擢諫垣。生平博綜群籍，尤精於史。著有《白華絳柎閣詩集》十卷、《越縵堂詩續集》十卷、《越縵堂詩話》三卷、《越縵堂讀史劄記》三十卷、《越縵堂文集》十二卷等。見《清史稿》卷四八六、《晚晴簃詩匯》卷一七三等。

茲據臺灣《筆記小說大觀》所收一卷本《蘿庵遊賞小志》輯錄。

觀社戲*

壬子二月，西郭昌安門外各村，社戲極盛。蓋自己酉、庚戌，連歲大水。庚戌兩遭夏秋之潦，較己酉更大而不成災。辛亥遂為樂歲。故民間盛為賽社以報之。予每於薄暮讀書之暇，蔬麥風起時，與群從輩，小舟駛槳，出沒於橋欄船舫間，遇有嘉劇，暫或駐觀。社酒村豚，逢著便吃。嘗賦五律四首紀之，亦都刪去，僅記一首結聯云：「綠楊春一色，誰信有荒村。」王孟調謂非放翁以下所能也。（第 27 編，第 3963 頁）

宣　鼎

宣鼎（1832～1880？），字子九，號瘦梅、金石書畫丐，安徽天長（今屬滁州市）人。家道中落，二十六歲入贅外家，後歷軍旅、遊幕生涯，終以售書賣畫為生。（續修四庫全書總目提要編纂委員會編：《續修四庫全書總目提要·集部》，上海古籍出版社2014年版，第498頁）

茲據清光緒三年（1877）《申報館叢書》鉛印聚珍八卷本《夜雨秋燈錄》輯錄。

喪事演劇

某邑某宦，以進士宰於粵，迎養尊甫某翁。翁歿，宦扶櫬回鄉里。時伊伯叔均科甲，做顯官，勢甚熾，故靈輀之回也，盛誇耀，騶從鹵簿，排列長三里。里之紳衿無老稚，咸公服出城迎。

次日領拜，夜夕，行招魂禮。銜牌傘蓋、魂轎香亭，悉假城隍出巡燈會上五色琉璃者，易字為之。而各家又出兩明角燈，挑諸竿，遣僕持之前驅。龍虎獅象燈，又雜出於鹵簿中。火樹銀花，遠望若火城。名為招魂，實則張燈。鼓樂喧闐，冠釵雲集，自宵達旦，緩緩繞街行。各家又設祭筵，擺供，獻金玉花草，異寶奇珍，香風撲鼻。魂轎到門，主人拜，宦答拜。拜已，優伶唱戲文，以媚亡者，名曰「獻曲」。正嘩亂間，突一某茂才，盛服擠墮路旁廁，幾沒頂，大呼「救人」。援之出，臭味差池矣。一市大嘩。友方掩鼻慰藉，而茂才顧僕幹急曰：「蠢才！速取冠帶來——這一跪三叩禮，是萬不能少者。」友有旁觀冷眼者，惟聞鼓吹聲、人馬雜沓聲、孝子假哭聲、僧道梵唄步履聲、茂才著急聲、友人慰勞聲、路人相戒聲，聲聲不同。

迎歸，懸太翁像於後堂。客與主人，下及執事奴僕，均擲去白衣冠，更吉服，撫掌歡躍曰：「太翁歸也！」開筵款客，堂下演劇。須臾，五色臉登場，金鼓大震。客有題其額云：「弔者大悅。」聯云：「弔者在門，賀者在室；哀不可過，樂不可支。」（卷五，第 32～33 頁）

《曇花記》

曇花本佛國產，放大光明，生自在香。每聞梵唄聲，輒婆娑而舞；奈朝開夕落，賦命不長。佛祖慈悲，見之淚下。

昔太史戴公，督學西秦時，闈門唱名。有七齡章童子，名節，丫髻纏紅絲，面如冠玉，提筆囊，登階接卷。太史藐其稚，曰：「咄！節院乃文戰之地，非嬰孩跳蕩之區。汝來此何為？」揖而對曰：「童子無知，觀光有志。」曰：「汝能作文乎？若塊然沒字碑，當以夏楚懲汝。」曰：「雖未敢徑奪錦標，亦未必遽攖撲教。」太史頗以為誇。詢廣文，對云：「此兒素有神童之譽！渠父名九如，亦久困童子軍者。」太史疑九如攜來，將賈餘勇，為兒捉刀；乃杜其弊——呼從者送交幕府諸君。及再點，則魚貫中果有九如其人者，年逾不惑，野樸頹唐，一村學究耳。問：「章節汝子耶？」曰：「然。」曰：「如此髫齡，強來作麼生？若露廬山真面目，法不汝容！」九如唯唯以退。

院門扃，太史危坐堂皇。過卓午，返內省。甫履閾，即聞童子喧笑聲與諸老輩辯難聲。且脫帽露頂，榻上翻筋斗為樂。太史驀入，略呵叱。節悚惕，徐起整衣冠，侍而聽教。太史笑云：「我固知汝不能文也！日移八磚矣，不構思而喧鬧，此豈三家村塾耶？」對曰：「不奉題紙，從何作文？」太史恍然，亦自捧腹。詢諸幕云：「是兒伎倆若何？」僉曰：「敏甚，惟狡獪不受羈勒，然讀書甚熟，百舉而不一遺。」乃授題，與以小几使坐，並與果餌使餐。節略一顰蹙，即奮管直書，不啻宿構，洋洋灑灑，出色當行。繕就，跪呈其卷云：「童子節，愧少如椽之筆，且為刺促之文——良由時近昏黃，不過免於曳白耳。」太史閱之，擊節者再。適壁上黏《蘭亭》本，拈「此地有崇山峻嶺，茂林修竹」句，命對。對云：「怕你不雕蟲篆刻，斷簡殘篇。」諸幕叫絕。太史佯怒云：「童子亦讀《西廂》耶？」即以為句，曰「童子讀《西廂》」。對云：「大人應東井。」太史色為之霽。指庭樹曰：「老樹千年。」對云：「香曇一現。」太史恐其不祥，然心賞靈慧。適左右舉燭，節將出，因撫其背曰：「好為之！一領青衿，便易子矣！」節忽顏色慘戚，伏地淚雨，崩角有聲，力辭

盛意。太史大詫，問：「汝既高尚，何勞此行？」泣曰：「童子有苦衷，不敢言，言必獲罪戾！」曰：「第言之，無恐！」曰：「父困此有年矣！頃此之來，原冀為椿庭作倩；不意隔絕，且先獲售。則父於今科，固已無望；即下科，亦何能為哉？乞錄父而黜節。轉移之德，沒齒不忘！」太史呼九如卷至，則荒率較雛鳳判天淵矣。因以之示節曰：「汝父文似此，奈何！」節叩不已。太史矜其志，憐其孝，嘉其慧，遂許其請，曰：「冰鑒之明，暫為汝屈；然汝下科必捷，鴻飛不遠矣！」節歡躍再拜而出。

翌晨揭曉，榜首為章節還，亦雋才也。九如則勉附榜末。星軺啟行，諸生走送。九如亦攜節拜車下。太史謂九如曰：「汝之售，汝子所貤贈也。鴉巢之鳳，豈有種哉？」又詢節曰：「冠軍人，汝同宗乎？」曰：「同。」曰：「我行矣，盍以一對送我？——章節、章節還。」節應聲曰：「呂蒙、呂蒙正。」太史顧廣文諸人曰：「能不以此子為無價之寶耶？」旋解襟下佩玉以贈節，曰：「汝第自珍愛！明年今日，當以茂才還汝。此玉即他日券也。」節感激涕零，嗚咽惆悵，視星軺影遠，始隨父而歸。

閱半載，太史忽夢節持曇花，冉冉來謝，口吟一絕云：「身本優缽羅，託身植瑤島。入世償宿逋，曇花依舊好。」迨重蒞是郡，急欲見孺子，而蹤跡杳如；驚詢廣文。廣文命九如自陳。雙淚盈睫，抽咽而對曰：「節兒自承明訓，歸後慘以痘殤。彌留時，堅抱所賜玉佩，遂以為殉。」太史驚惋無既。九如又云：「渠降生時，本夢一老枯禪，手贈曇花而誕——宜其不永也。」太史爽然。始悟昔之聯句可為讖，後之夢返其真耳。乃振腕作《曇花記》，以志其事。

懊儂氏曰：負逋而來，償逋而去，人間佳子弟，莫不云然。獨章氏子，可歎可憐，令人有「回也短命」之感。慧既非凡，孝尤卓著。曇花之喻，雖想當然語，亦作如是觀也。又棠邑有古梅書院，鄰果老庵，乃唐人附會神仙古蹟。邑宰長公，名在。試書院日，少長咸集，中有八歲童子來觀場。長公命對，曰：「梅花果老矣。」即應聲曰：「棠陰長在哉。」長公大喜，呼為「千里駒」，獎賜極隆。旋亦夭亡，儒林傷悼。（卷七，第11～13頁）

丁　丙

　　丁丙（1832～1899），字嘉魚，號松存，浙江錢塘（今杭州市）人。諸生，著名藏書家。

　　茲據清光緒二十五年（1899）刻二卷本《北隅續錄》輯錄。

吳蘋香

　　仁和吳蘋香女士藻，幼而好學，長則肆力於詞，居恒庇家事外，手執一卷，興至輒吟，緝商綴羽，不失分刌。嘗寫《飲酒讀騷圖》；自製樂府，名曰《喬影》，一時好事者被之管絃，傳唱殆徧大江南北，幾如有井水處必歌柳七詞矣。先有《花簾詞》，頤道陳文述、翠浮魏謙升、秋舲趙慶熺序之。……次為《香南雪北詞》，自序云：「丁酉移家南湖，古城野水，地多梅花。取梵夾語，顏其室曰香南雪北廬。樊榭老人昔嘗卜宅於此，文采風流今尚存，不獨王孫桂隱，遺跡未湮也。十年來憂患餘生，人事有不可言者，引商刻羽，吟事遂廢，此後恐不更作。因檢叢殘剩稿，恕而存焉。即以居室之名名之，自今以往，埽除文字，潛心奉道香山南、雪山北，皈依淨土，幾生修得到梅花乎！」（卷下，第40～41頁）

永豐社

　　社神舊傳漢定遠侯班氏超，侯未嘗至江浙，何以祠？或云社為演劇者賃居，久而不遷。社屋日壞，演劇者鳩貲新之，曰：「吾輩聚班歌舞以資其生，神其班姓者乎？」遂奉定遠侯主之。齊東野語，聊記所聞。（卷下，第48頁）

山兒巷

山兒巷，不載志乘，嘗因宋吳王府堆山迭石之址得名。盧代山岱，抱經學士之族，曾居巷中。家藏葡萄藤小几，舊為洪昉思所拍曲，指痕猶隱隱見焉。昉思拍曲園，毛西河、高江村諸巨手俱有題詠，梁山舟學士跋其後。吳穀人祭酒錫麒，舊亦居此。（卷下，第 51 頁）

徐士鑾

徐士鑾（1833～1915），字沅青，直隸天津人。清咸豐八年（1858）舉人，由內閣中書擢侍讀，任記名御史，出授浙江台州知府。後歸里著述。（江慶柏編著：《清代人物生卒年表》，人民文學出版社 2005 年版，第 643 頁；柯愈春：《清人詩文集總目提要》，北京古籍出版社 2001 年版，第 1730 頁）

茲據臺灣《筆記小說大觀》所收十二卷本《宋豔》輯錄。

除學士不用女樂*

京師百官上日，惟翰林學士敕設用樂，他雖宰相亦無此禮。優伶並開封府點集。陳和叔除學士，時和叔知開封府，遂不用女優。學士院敕設不用女優，自陳和叔始。（《夢溪筆談》）（卷一，第 23 編，第 1448 頁）

陳淳祖*

陳淳祖為賈似道之客，守正，為諸客所疾，內人亦惡之。一日諸姬爭寵，密竊一姬輳，藏淳祖床下，意欲並中二人。賈入齋見之，心疑焉。夜驅此姬至齋門誘之，淳祖不答，繼以大怒。賈方知其無他，遂勘諸妾，得其情，由是極契淳祖，後遂有知南軍之命。金、元院本演其事。[1]（《警心錄》）（卷一，第 23 編，第 1448 頁）

編者案：[1]《輟耕錄》著錄金院本名目「拴搐豔段」之《屋裏藏》，似演此事。

馮京*

馮京，字當世。其父商也，壯年無子，將如京師，其妻授以白金數笏，

曰：「君未有子，可以此為買妾之貲。」及至京師，買一妾，立券償錢矣，問妾所自來，涕泣不肯言。固問之，乃言其父有官，因綱運欠折，鬻妾以為賠償之計。遂惻然不忍犯，遣還其父，不索其錢。及歸，妻問買妾安在，具告以故。妻曰：「君用心如此，何患無子！」居數月，妻有娠。將誕，里中人皆夢鼓吹喧闐迎狀元。京生，家貧甚，讀書於灊山僧舍。後作三元，有詩號《灊山集》，皆其未遇時所作，如「琴彈夜月龍魂冷，劍擊秋風鬼膽粗」「吟氣老懷長劍古，醉胸橫得太行寬」「豐年足酒容身易，世路無媒著腳難」，皆不凡。（《鶴林玉露》）

　　蝶訪曰：能與貧人共荒谷，定有明珠出蚌胎。因以歆濟人之急，教人之難，其所保全者為正多。（卷一，第 23 編，第 1450 頁）

　　編者案：南戲有《馮京三元記》，〔明〕沈受先作有傳奇《馮京三元記》。

陶穀使江南*

　　朝廷遣陶穀使江南，以假書為名，實使覘之。既至，崖岸高峻，燕席談笑，未嘗啟齒。韓熙載謂所親曰：「觀秀實公妄也，非端人介士，其守可隳。」夜遣歌妓秦弱蘭，詐為驛卒之女，敝衣持帚，灑掃驛庭。五柳公乘隙因詢其跡。翌日，以詞贈之曰：「好因緣。惡因緣。只得郵亭一夜眠。別神仙。　　琵琶撥盡相思調。知音少。待得鸞膠續斷弦。是何年。」後數日，燕於澄心堂，李主命玻瓈巨鐘滿酌之，陶毅然不顧。乃出弱蘭於席，歌前闋以侑之。穀慚笑，不敢不釂。釂罷復灌，倒載吐茵，尚未許罷，大為主禮所薄。還朝日，止遣數小吏餞於郊亭。逮歸京，卒不大用。（《五代詩話》。案：此則，王漁洋翦裁《玉堂清話》。）

　　《詞名集解》：宋初遣陶穀使江南，假書為名，實使覘之。穀驕甚。韓熙載以李獻言，知穀非端介。至日，令媵六朝書半年，狎歌妓秦弱蘭，作長短句贈之。一日，穀入燕，弱蘭歌所贈「郵亭一夜眠」之句，穀大慚而罷。詞名《風光好》。《墨莊漫錄》云，一名《愁倚闌令》。

　　《藝苑卮言》：陶穀使江南，遇秦弱蘭，作《風光好》詞，見宋人小說；或有以為曹翰者。翰能作老將詩，其才固有之，終非武人本色。沈叡達《雲巢編》謂：陶使吳越，惑娼女任社娘，因作此詞。任大得陶資，後用以剏仁王院，落髮為尼。李唐、吳越，未審孰是，

要之近陶所為耳。

《苕溪漁隱叢話》：小詞《風光好》「待得鸞膠續斷弦，是何年」之句，《江南野錄》謂是曹翰使江南贈妓詞，《本事曲》謂是陶穀使錢塘贈驛女詞，《冷齋夜話》謂是陶穀使江南贈韓熙載歌姬，是一詞而有三說也。其他類此者甚眾，殆不可徧舉。

《澠水燕談錄》：陶穀姓唐，唐宰相苕公儉之後。祖彥謙，有詩名，號鹿門先生。穀避晉祖名改姓陶，後歷仕累朝，不復還本姓，士大夫譏之。

《南部新書》：陶穀小名鐵牛，李濤嘗有書與之曰：「每至河源，即思令德。」唐彥謙之孫也，以石晉諱改姓焉。

《宋景文公筆記》：陶穀本唐彥謙後，石晉時避諱改曰陶，後納唐氏為壻，亦可怪。

《釋常談》：沉醉謂之倒載。晉山簡字季倫，為荊州牧。每出，酣暢而歸。人歌曰：「山翁住何處？來往高陽池。日夕倒載歸，酩酊無所知。」

案：《緗素雜記》載：周世宗時，陶尚書穀奉使江南，韓熙載遺家妓以奉盥匜，及旦，有書謝云云。是穀使江南在周世宗時，熙載已以家妓奉盥匜，豈宋初穀使江南，熙載尚煩謀畫以餂其守耶？總之，陶穀非端人介士，易遺話柄，人當潔以自愛也。（卷三，第23編，第1514～1516頁）

合生*

江浙間路歧伶女，有慧點，知文墨，能於席上指物題詠，應命輒成者，謂之合生。其滑稽含玩諷者，謂之喬合生。蓋京都遺風也。張安國守臨川，王宣子解盧陵郡印歸次撫。安國置酒郡齋，招郡士陳漢卿參會，適散樂一妓言學作詩，漢卿語之曰：「太守呼為五馬，今日兩使君對席，遂成十馬。汝體此意做八句。」妓凝立良久，即高吟曰：「同是天邊侍從臣，江頭相遇轉情親。瑩如臨汝無瑕玉，暖作盧陵有腳春。五馬今朝成十馬，兩人前日壓千人。便看飛詔催歸去，共坐中書布化鈞。」安國為之歡賞竟日，賞以萬錢。（《夷堅志》）

《珊瑚鉤詩話》：五馬之事，不見於《書》。以《詩》言之：「孑孑干旟，在浚之都。素絲組之，良馬五之。」《周禮》注云：「州長建

旟，太守視之，法御五馬。」或云古乘駟馬車，至漢，太守出則加一馬。《漢官儀》注云。

《許彥周詩話》：五馬事無知者。陳正敏云：「孑孑干旟，在浚之都。素絲組之，良馬五之。以謂州長建旟作太守事。」又《漢官儀》注：「駟馬，加左驂右騑，二千石有左驂，以為五馬。」然前輩楊、劉、李、宋，最好知僻事，豈不知讀《漢官儀》注而疑之耶？故俱存之，不敢以為是，以俟後之知者。（卷四，第 23 編，第 1537～1538 頁）

菊花新*

《齊東野語》：思陵朝，掖庭有菊夫人者，善歌舞，妙音律，為仙韶院之冠，宮中號為「菊部頭」。然頗以不獲際幸為恨，既而稱疾告歸。宦者陳源以厚禮聘歸，蓄於西湖之適安園。一日，德壽按《梁州曲》舞，屢不稱旨。提舉官關禮，知上意不樂，因從容奏曰：「此事非菊部頭不可。」上遂令宣喚。於是再入九禁，陳遂感悵成疾。有某士者頗知其事，演而為曲，名曰《菊花新》以獻之。陳大喜，酬以田宅金帛甚厚。其譜則教坊都管王公謹所度也。陳每聞歌詠，淚下不勝情，未幾物故。（卷四，第 23 編，第 1555 頁）

劉塤*

劉塤，號水村，宋季隱居不仕，入元以薦官延平教授。有《水雲村吟稿》。《謁金門》詞注：「臨汝有歌者稍慧，咸淳中，嘗與吟朋夜醉其樓，對予唱《賀新郎》詞，至『劉郎正是當年少，天教賦與許多才調』之句，笑謂予曰：『古曲兒今日恰好使得。』予因以此意作小調題壁，明日遂行。後二年訪之，壁間醉墨尚存，而人已他適矣。然舊詞多有見之者，姑錄於此。」詞曰：「眉樣小，紅燭畫樓歌繞。唱到劉郎頻笑道，古詞今恰好。深夜銀屏香嫋，明日雕鞍塵杳。一晌春風容易曉，三生思不了。」（《詞綜補遺》）

《四庫全書簡明目錄》：《隱居通議》三十一卷，元劉塤撰。塤雖宋之遺民，初亦遁跡，然晚歲終食元祿，稱隱居，非實也。

案：《詞綜補遺》，劉塤列在元人中，亦貶之也，例應然也。惟賦此詞時，猶宋咸淳年間事，因錄之。尚有《湘靈鼓瑟》一詞，錄入《感戚》門。（卷六，第 23編，第 1614～1615 頁）

張鎡*

張鎡功甫，號約齋，循忠烈王諸孫，能詩，一時名士大夫莫不交遊。其園池、聲妓、服玩之麗甲天下。嘗於南湖園作駕霄亭於四古松間，以巨鐵絚懸之空半，而羈之松身。當風月清夜，與客梯登之，飄搖雲表，直有挾飛仙溯紫清之意。王簡卿侍郎嘗赴其牡丹會，云：「眾賓既集，坐一虛堂，寂無所有。俄問左右曰：『香已發未？』答云：『已發。』命捲簾，則異香自內出，鬱然滿座。群妓以酒肴絲竹次第而至。別有名姬十輩皆衣白，凡首飾衣領皆牡丹，首戴照殿紅。一妓執板奏歌侑觴，歌罷樂作乃退。復垂簾，談論自如。良久香起，捲簾如前，別十姬易花與服而出，大抵簪白花則衣紫，紫花則衣鵝黃，黃花則衣紅。如是十杯，衣與花凡十易。所謳者皆前輩牡丹名詞。酒竟，歌者、樂者無慮百數十人，列行送客。燭光香霧，歌吹雜作，客皆恍然如仙遊也。功甫於誅韓有力，賞不滿意，又欲以故智去史，事泄，謫象臺而殂。（《齊東野語》）

《紫桃軒雜綴》：張功甫豪侈而有清尚，嘗來吾郡海鹽，作園亭自恣。令歌兒衍曲，務為新聲，所謂海鹽腔也。

《雲蕗淡墨》：張約齋鎡，喜延湖海之士。一日午酌數杯後，命左右作「銀絲」供，且戒之曰：「調和好，又要有真味。」眾謂鱠也。良久，出琴一張，琴師彈《離騷》，始知「銀絲」，琴弦也。「調和好」，調弦也。「有真味」，蓋取陶淵明琴中有真味也。

國朝仁和朱文藻書《南湖集》後云：「牡丹之會，王簡卿嘗一赴之，如《齊東野語》所述，可謂極聲妓之盛矣，而集中擁繡堂看天花，《好事近》詞云：『手種滿園花，瑞露一枝先坼。（《玉照堂詞》原注：瑞露，紫牡丹新名也。）挂個杖兒來看，兩三人門客。』又何其清況若是。公有小姬，放翁會飲，則有贈詩書扇之新桃。公集中於《夢遊仙》題下云：『小姬病起，幡然有入道之志。』正與自詠詩所謂『紅裙遣去如僧榻，白髮梳來稱道冠』之語合。故史魏公浩《慧雲寺記》稱其閒居遠聲色，薄滋味，矻矻詩文，自處不異布衣腥儒。而明之吳本如作公祠記，遂疑史語非實錄。然公不云乎：『光明藏中，孰非遊戲？若心常清淨，離諸取著於有差別境中，而能常入無差別定，則淫房酒肆遍歷道場，鼓樂音聲皆談般若。』後之論公者，正當作如是觀耳。」

蝶訪閱《南湖集》附錄《賞心樂事序》中，自謂排比十二月燕遊次序，名之曰「四並集」，燕遊名目逐月逐事列出。周密《武林舊事》曾載入焉。即史魏公亦謂桂隱（功甫自謂諸處總名。）林泉，在錢塘為最勝，張子卜築，池臺館宇，門牆道路，凡經行宴息，悉命佳名，而各有詩。（「桂隱林泉」云云，史浩題《南湖集》十二卷後語也，見《永樂大典》。）以此證之，謂非席豐履厚，窮極奢侈，能如是乎？味功甫詞中「挂個杖兒」句，及詩中「紅裙白髮」句，又其所論云云，殆晚年疲役，幡然自悟，靜持此心，是儒家改過法，亦佛門懺悔法，自是功甫天姿異人處。（卷八，第 23 編，第 1679～1681 頁）

河市樂*

駙馬都尉高懷德，以節制領睢陽歲久，性頗奢靡，而洞曉音律，故聲伎之妙，冠於當時。法部中精絕者，殆不過之。宋城南抵汴渠五里，有東西二橋，舟車交會，民居繁夥，娼優雜戶，厥類亦眾，然率多鄙俚，為高之伶人所輕誚。每宴飲樂作，必效其樸野之態，以為戲玩，謂之《河市樂》。迄今俳優常有此戲。（《沂公筆錄》）

《嬾真子》：駙馬都尉之名起於三國，故何晏尚魏公主，謂之駙馬都尉。不獨官名以駙馬給之，蓋御馬之副，謂之駙馬，從而給之，示親愛也。（卷八，第 23 編，第 1683 頁）

月明和尚度柳翠*

《跳鮑老》，兒童戲也。徐天池有《玉通禪》劇，此亦戲耳。而孤山下有柳翠墓在焉，神道路側有月明庵在焉，郡城中有柳翠井，遺跡昭然，非徒戲言無據也。考紹興間有清了、玉通者，皆高僧也。太守柳宣教履任，玉通不赴庭參。柳惡之，使紅蓮妓破其戒。玉通羞見清了，即留偈回首，託生於柳，誓必敗其門風。宣教沒，翠流落為妓二十餘年，與清了遇於大佛寺內，清了又號月明。為之戴面具，為宰官身，為比邱身，為婦人身，現身說法，示彼前因。翠實時大悟，所謂「月明和尚度柳翠」也。今俗傳《月明和尚馱柳翠》，燈月之戲，跳舞宣淫，大為不雅。然此俗難革，為父老者，盍教兒童改作度柳翠之故事？戲中所演，庶足以垂戒而警俗乎！（《湖壖雜記》）

蝶訪曰：所失者一身之戒行，而所玷者一族之門風，玉通之報復亦云甚矣。余謂柳宣教果為忠君愛國、嚴氣正行之賢人君子，彼

玉通者，亦徒銜恨以終，安得伸其宿怨耶！（卷十，第 23 編，第 1726
～1727 頁）

《明月生南浦》作者*

《雲齋廣錄》：司馬槱官於錢塘，夢蘇小小歌《蝶戀花》詞一闋云：「妾本
錢塘江上住。花開花謝，不記流年度。燕子銜將春色去。紗窗幾陣瀟瀟雨。　　斜
插犀梳雲半吐。檀板新聲，唱徹《黃金縷》。酒醒夢回無覓處。淒涼明月生秋
浦。」

《詞名集解》：《黃金縷》，本名《蝶戀花》，宋司馬槱製，一名《明月生南
浦》，《元百種曲》又作蘇小小製。

案：《雲齋廣錄》所述是全詞，皆蘇小小歌也。其詞字句與《春
渚紀聞》間有不同姑勿論，謂司馬槱官錢塘，夢蘇小小歌，與《紀
聞》迥異，不知何據。《詞名集解》亦謂《黃金縷》詞，司馬槱製，
又謂《元百種曲》作蘇小小製，二說皆非是。考朱竹垞《詞綜》，載
「秦覯，字少章，觀之弟也。有《黃金縷》（足司馬才仲夢中蘇小小
詞）」。當據《春渚紀聞》也，此說為是。

《雍正西湖志》：謹按，《嬾真子》云：「司馬才仲，名棫；才叔，名槱：
皆溫公之侄孫。」《西湖遊覽志》引《輟耕錄》作司馬槱才仲，誤也。

案：《雍正西湖志》援據《嬾真子》，以證《西湖遊覽志》並《輟
耕錄》之誤。因檢《嬾真子》考之，中一則云：「才仲，名棫；才叔，
名槱。皆溫公之侄孫，豪傑之士，咸未四十而卒。文季（案：文季
名樸。）每言之，必慘然也。」觀此知訛誤相承，正不僅《輟耕錄》
一書也。（卷十一，第 23 編，第 1756～1757 頁）

陶穀《風光好》句*

陶穀贈歌妓秦弱蘭《風光好》，有「鸞膠續斷弦」之句。按東方朔《十洲
記》，仙家煮鳳喙及麟角煎作膠，名為「續弦」，能續弓弩絕弦，卻非鸞膠，豈
其誤耶？不如杜詩：「麟角鳳嘴世莫識，煎膠續弦奇自見。」（《蘆浦筆記》）（卷
十一，第 23 編，第 1768 頁）

瓦舍*

瓦舍者，謂其「來時瓦合，去時瓦解」之義，易聚易散也。不知起於何

時。頃者，京師甚為士庶放蕩不羈之所，亦為子弟流連破壞之門。杭城，紹興間駐蹕於此，殿岩楊和王因軍士多西北人，是以城內外創立瓦舍，招集妓樂，以為軍卒暇日娛戲之地。今貴家子弟郎君，因此蕩遊破壞，尤甚於汴都也。(《夢粱錄》)

《咸淳臨安志》：南瓦在清泠橋西，有熙春樓。北瓦在眾安橋之南，亦名下瓦，有羊棚樓。

《市肆記》：瓦子勾欄，城內隸修內司，城外隸殿前司。或有路歧，不入勾欄，只在要鬧寬闊處做場者，謂之「打野呵」。又如北瓦羊棚樓等，謂之「邀棚」。

《古杭夢遊錄》：夜市除大內前後諸處，惟中瓦最勝，(中瓦通後市街)撲賣奇巧器皿、百色對象，與日間無異。其餘坊巷市井、買賣榷關、酒樓歌館，直至四更後方靜。

蝶訪曰：風流藪澤，煙月作坊，皆士庶放蕩之所，更子弟破壞之門。狂瀾莫挽，古今有同慨焉。先正有言，惟當戒而不入。入而能戒者，能得幾人哉！(卷十二，第 23 編，第 1801～1802 頁)

楊恩壽等

楊恩壽（1835～1891），字鶴儔，號蓬海、朋海、坦園，別署蓬道人，湖南長沙人。清同治九年（1870）中舉，光緒間候補知府。作有傳奇《理靈坡》《再來人》《姽嫿封》《桂枝香》《桃花源》《麻灘驛》，合稱《坦園六種曲》。另有《鴛鴦帶》《雙清影》兩劇，已佚。戲曲理淪著作有《詞餘叢話》《續詞餘叢話》。

一、據 1928 年掃葉山房印行《清人說薈》初集所收一卷本《蘭芷零香錄》輯錄。

演《金瓶梅》*

越日，（宏農公子）與清河、關中諸公子，張宴浙江鄉祠，演《金瓶梅》淫戲。諸公子各擁一姬於膝上，……場上場下，是戲是真，觀者如從鏡殿看三十六鴛鴦也。宏農具膂力，忽肩荷桂憐，登紅氍上作天魔舞。伶人為之罷劇。（第 406 頁）

花面*

某公子獵得秀才，不通文墨。一日於箕生座上，見一雛姬極歡賞。姬曰：「此詩所謂『花面鴉頭十三四』也。」某曰：「如此美人，屈作花面唱闊口，殊為可惜。」姬大笑。（第 407 頁）

觀劇敏對*

近日長沙稱謂，每稱人之姓並其行曰某幾先生。關中公子挾箕生觀演諸葛

丞相《七擒孟獲》劇，輒呼諸葛五先生。姬曰：「正與菜花三娘子作對耳。」關中行三，故以此侮之，可謂敏捷。（第 407 頁）

演劇中酒*

桂憐生曰：宏農置酒為壽，演《司馬師搜魏宮》劇。扮司馬都督者，塗黑面掛長鬚，朱袍雉冠，猙獰可畏。客有稱其善飲者。公子就場上拉之來，立席前，命桂憐親酌巨盌以勞之。司馬都督故不善飲也，既懼公子之勢，又慕桂憐之色，勉強飲七八盌，漸不能支，固辭欲遁。公子怒，左手執其耳，右手拔所佩木劍架其頸，又連灌十餘盌。司馬家兒玉山頹矣。鞠部中人急抬去，醉幾死，猶塗黑面掛長鬚，朱袍雉冠，猙獰可畏也。（第 408 頁）

二、據《湖湘文庫》甲編所收整理本《楊恩壽集》輯錄。

《桂枝香》序*

夫黃河引吭，揚旗亭之芬；青童念世，入廣陵之夢。知音苟存，風塵非污；情感所結，因緣斯會。從來韻事，都在歌場。詞人豔稱，亶其然矣。況乃三生石上，別有精魂；萬人海中，特標奇賞。此君小異，不撫掌而即知仙；君子何嫌，願交魂而羞送抱。泥憶雲而香遠，木擇鳥以枝榮。方雅為之解顏，鄙薄聞而短氣。遂使玉堂金室，王夷甫借作清談；兼之月扇雲衣，劉夢得錄為嘉話。其為傳播，夫豈尋常？

若夫千紅萬綠之郊，小袖禿衿之客，仙步紆鬱，花貌參差。飛上九天，鳳皇叫矣；坐觀千古，丹青杳然。惹戲蝶之娟娟，繞飛螢之個個。騁將素練，少陵還有纏頭；解卻羅襦，于髡願聞藪澤。顧乃摧折自守，飄颻獨立，冰霜扶其弱質，雲水洗其清矑。尋杜牧於維揚渡頭，識馬周在新豐逆旅。替舒華幔，宵張有味之燈；密界烏絲，朝課深情之帖。果使王唱第一，郗策無雙，喚作夫人，揖溧陽公之老眼；論伊內助，發隨園叟之清歌。

嗟乎！江山憔悴，尚有文人，絲管流連，都非樂地。方其蕭辰偃蹇，塵鞅淒涼，鬱鬱剛腸，茫茫俗物。軟裘快馬，擁他赤縣官曹；妍跡丹唇，送出綺窗歌笑。窮巷生魚之地，不立王商；古原詠草之章，罕逢顧況。子真褌襪，鬼亦揶揄。遂乃良遊寫懷，哀弄睦耳。安石寄情於吹竹，子野叫絕於聞歌。寸心欹傾，兩美適合。奪羅虬之秀句，紅兒百篇；掃白傅之閒愁，陽陶一曲。

然而，高歌望子，對青眼以增悲；酒杯借人，照朱顏而自惜。實途窮之隱

痛，非情爨之不遺。此吾蓬海所為擲簡，哀來搖毫涕下者矣。是則情以雙奇，義以獨貴。塵夢那知鶴夢，桃花肯逐楊花！啟夕秀於長安道旁，占春色於少男風裏。嚼為宮徵，含雞舌以生芬；肖就榮華，向蟾宮而證果。一掬英雄之淚，灑遍當場；千秋風月之詞，助誰下酒？客有彈成豔曲，還應想入雲花，惹得名香，從此不知蘭麝。

同治九年歲次庚午十二月既望，長沙王先謙序。（第 428～429 頁）

《理靈坡》敘*

世之降也，舉天下習於詭，隨走聲利，其變將無所底，厥賴提槧握鉛之縫掖，有以轉移之。其立說纘言，無不有裨於世，匪徒騁其筆墨之能，與古人較工拙而已也。

長沙蓬道人，少負有偉，既蹇不遇於時，其心究不能忘情斯世，乃為著《理靈坡》傳奇一篇。蓋謂世俗不可與莊語，若欲正襟而談，則聽之匪欲臥即掩耳而走，不如取往事之可歌可泣者，以南北曲譜之，一唱三歎，有遺音焉，直與律呂應其宮徵，足令讀者渢渢乎心動而情移，極與夫子論詩謂可以興觀之旨有合。在平日，心切欲救世之弊，嘗不惜為危苦之言，雜嗚咽泣洟而出之，以警憒憒者。至於是編，則以古準今，一宣洩其無端憤鬱，意氣悲遠，舉見情辭，俾邦人士，有以激發其忠烈之忱，而維持夫氣數之變，則他日成仁取義之風節，實出於此。而冒訾忍詬之徒，亦聞之而有惕心焉，更足以補懲創之所不及。其磨世礪鈍之功，匪淺鮮也。

蓬道人闢古無鋭，以其所蓄發為詩歌，其思沉而採鮮，直足與千百世以上之作者，分席而處。所著有《坦園叢稿》等編，予不及為之序，而惟序此編，以其有補於世道至宏且遠耳。

武陵移芝老人楊彝珍。（第 452 頁）

《姽嫿封》序*

在昔，繡幰油絡，高涼建百越之麾；氈甲裳旗，沙裏樹黃龍之柵。完顏運矢石於城下，命婦一軍；紅玉執桴鼓於江中，樓船百里。灌能督戰，陸亦先登。類皆彪炳旗常，發皇簡冊。然而，鴛鴦隊裏，曾無速化之陰磷；鵝鸛陣中，豈有不揚之兵氣？若乃欃槍芒大，留劍答君；金鼓聲淫，引刀效死。貞心炳如日

月，亮節固於山河。則趙姊含反鬥之悲，磨笄以報襄子；毛后奮空壁之勇，彎弧而拒姚萇。

前美彰焉，嗣徽闋矣。乃有續宋稗之閒談，記明藩之遺事。林外留其仙眷，黃家號以四娘。丁女神光，胡芳將種。結淑儀於青社，驚真氣於白亭。秉含靈握文之英，洞圓居方正之妙。習騎射以教侍妾，劉后知兵；嚴部署而令美人，吳姬斂笑。時則臥邊亭之鼓，滅幽障之烽。海嶠笙歌，遙連午夜。岱宗鸞鳳，齊舞清暉。恒王則油戟停驅，雕屏坐列，呼寵妃為隊長，擬壯女是新軍。六院皆奇，布花鬘而作陣；十旂俱建，施錦障以成圍。舞出宮腰，營真細柳；移來仙步，軍盡凌波。縱聞鼓而止聞金，前視心而後視背。叱吒輕則蘭臎生於口角，威容熾則云霞爛於亭臺。立號將軍，肇嘉娩嬙。醉月坐花之候，僮婢三撾；刀光燭影之旁，君王一笑。捷將煙竹，爭誇處女神奇；敕到錦袍，不賞平陽歌舞。宮惟講武，館不忘憂。武鄉侯肯用巾幗相遺，李光顏豈以女色為樂？洵盤宗之盛事，枝昵之美談也已。

無何，動漁陽之鼓，驚破《霓裳》；灌西谷之堤，壅來縑幔。蚰蜒塹塞，龍武軍孤。書白土於洛陽，封徐內應；鑄金枷於梨樹，結贊陰權。報國納光弼之短刀，受降按蕭王之輕轡。師將授子，楚鄧曼見而長歎；送不出門，越夫人立而飲泣。蓋不待三軍紛雨，一纛愁雲，而早已毀此娥媌，屬填土去笄之節；思君俳側，作挾弓帶劍之辭。

俄而，松柏哀於國人，福祿斟於凶虜。金甌破碎，花淚驚濺；錦瑟淒涼，刀頭罷唱。既不能引篋度曲，如朝雲之吹散生羌；復不能持節登車，似馮嫽之說降外域。黃泉碧血，妾身願得同歸；素甲白繒，姊妹因而合隊。信蛾眉之肯讓，劖面尋仇；餌虎口以橫挑，張拳冒刃。陣皆設牝，鬼豈忘雄？卒之百騎，奮而猶孱，兩甄鳴而更敗。精士垂盡，夜將仍飛；遊魂不歸，皓齒何在？君子人也，臨大節而棱然；丈夫女哉，蹈危機而不顧。以視呂將軍買刀賒酒，但報私仇；潘將軍同坐齊鑣，罕傳戰績。此尤一時之冠絕，只千古而無倫。

嗟夫！皇覺一飛，國維四立。然而二十五宗之屬，騰笑桐山；三百餘歲之間，銷聲珪社。燕王畫炭，徐姬但解續須；國主稱戈，婁妃空聞製曲。若茲之煥煥蕭傘，增重宗英；揚揚繡旗，流輝女史。始則飛蟲同夢，軼秀天嬙；終則寡鵠悲鳴，義成地道。實足式蕃闈以引訓，峻徽音而永歎。所由高陽傳淥水之歌，杜老詠青州之血者矣。

夫蒙莊《秋水》之篇，不談忠義；宋玉《高唐》之賦，只說風流。猶且馨

逸來今，蜚騰眾目；況乃立女之重，陳人之綱。寫出宮詞，彷彿風飄神雨；吹來急管，恐教鬼哭天陰。娘子稱兵，不復張鄢司小隊；夫人崇義，恨未奪仚地佩刀。能無興百世之風，聞泣數行而感動也哉！

　　客有寄懷荒忽，引興無端。蜀國搜奇，樊梨花不妨有墓；（在松潘廳界）秦州覽古，王寶釧何必無窰。（在長安城外）蒼狗白衣，空諸事變；金聲玉色，視此精神。東坡姑聽妄言，班固漫稽世典。試看褰裙逐馬，不愧雍容小妹之名；笑他開府置官，空負貞烈將軍之號。

　　同治九年歲在上章敦牂嘉平月，王先謙益吾甫序於雲安驛館。（第494～496頁）

薛福成

薛福成（1838～1894），字叔耘，號庸盦，江蘇無錫人。少敏學，初不喜文事，其弟以賈誼、陸贄文勸之，始「稍稍致力於古文辭」（《季弟遺集序》）。後入曾國藩幕，遂師事之。清光緒元年（1875）以直隸州知州入李鴻章幕。後遊歷中外，以疾歿於滬上。

茲據《續修四庫全書》影印清光緒丁酉（二十三年，1897）刻六卷本《庸盦筆記》輯錄。

河工奢侈之風

余嘗遇一文員老於河工者，為余談道光年間南河風氣之繁盛。維時南河河道總督駐紮清江浦，道員及廳汛各官環峙而居，物力豐厚。每歲經費銀數百萬兩，實用之工程者十不及一，其餘以供文武員弁之揮霍、大小衙門之酬應、過客遊士之餘潤。凡飲食衣服車馬玩好之類，莫不鬥奇競巧，務極奢侈。……各廳署內，自元旦至除夕，無日不演劇。自黎明至夜分，雖觀劇無人，而演者自若也。（卷三《軼聞》，第 1182 冊，第 660～661 頁）

戊午科場之案

咸豐八年，順天鄉試主考為大學士柏葰、尚書朱鳳標、左副都御史程庭桂。甫入場，監臨順天府尹梁同新、提調順天府丞蔣達，即因細故，意見不合。達徑開龍門而出，疏劾同新、知貢舉侍郎景廉，又具疏並劾二人。二人皆被吏議降調以去。而至公堂，於某夕嘩傳大頭鬼出見。都人士云：「貢院中大頭鬼不輕出見，見則是科必鬧大案。」榜既發，有旗籍滿洲平齡，中式

在前十名中。平齡素嫻曲調，曾在戲院登臺演戲。蓋北方風俗，凡善唱二黃曲者，雖良家子弟，每喜登臺自炫所長，與終歲入班演戲者，稍有不同。然京師議論譁然，謂優伶亦得中高魁矣。御史孟傳金疏劾平齡朱墨不符，請特覆試。奉朱諭派載垣、端華、全慶、陳孚恩查辦，牽涉柏葰之妾及其門丁靳祥。於是考官及同考官之有牽涉者，皆解任聽候查辦。（卷三《軼聞》，第 1182 冊，第 665～666 頁）

水神顯靈

及李公總督直隸，歲辛未，畿輔大水。一日，天津吏民謹言黨將軍見於河干，請郡守、縣令往迎之。縣令讓以坐轎，不肯入；郡守乃以坐轎讓之，送入大王廟中。既而大王、將軍陸續踵至，津民連日焚香演劇以侑之。已逾兩月，李公謂屬吏曰：「今值飢饉之年，物力艱貴，與其耗之演劇，不如賑濟饑民。」欲將大王、將軍送之河干。正在商議，外間尚未知也。一優人忽自廟中戲臺跳至臺下，大言曰：「我黨得住也，李少荃與我有舊，本是一會之人。戊辰之役，我為出力不少。滅賊成功，得有今日。乃既不為我請封，今者演劇為樂，復欲驅我，何太無情誼也？」言畢，優人僵臥於地，良久乃醒。問以前事，茫然不知。於是，屬吏力請李公聽其演劇，凡三閱月，而大王、將軍乃漸去。津民復相與醵錢重修大王廟，煥然一新。（卷四《述異》，第 1182 冊，第 687～688 頁）

武員唐突河神

丁稚璜宮保在山東兩次治河，前則侯家林工，後則賈莊工也。侯家林之役，大王、將軍來集工次，每日演劇敬神。有眾蛇各就神位之前昂首觀劇。優人或以戲單呈上，請大王、將軍點戲。蛇以首觸戲單，所點之劇往往按切時事，非漫無意味者也。而點第一曲者，必金龍四大王，其次第亦不稍紊。有總兵趙三元者，戟手謂人曰：「此皆蛇耳，何神之有？」言未已，忽叫云：「不敢，不敢！」群趨視之，則有蟠其頸者，有繞其背者，咸勸總兵跪神座前自責，且願演劇三日以贖罪。倏忽間，已見大王復位矣，然未見其去來之跡。（卷四《述異》，第 1182 冊，第 689 頁）

生作城隍三日

嘉興石蓮舫廣文（中玉）於同治壬戌移居上海三林塘，病中夢有相迓者，

出則旌仗喧闐，隸役擁衛，掖之升輿。視轎前兩提燈，則淮宏〔安〕城隍府也。及至署，南面高坐，判官及諸隸役以次參拜。判官捧公牘請判，堆積盈案，茫然不知牘內何詞，判官摘紙尾，但令畫行標朱而已。判畢，階下眾囚環列，分起就訊。廣文不知所為，目視判官，判官曰：「杖。」則杖之。曰：「鞭。」則鞭之。曰：「付某獄。」即牽去。廣文偶舉首，見對面一戲臺，其臺上聯額，皆默識之。凡在署理事三日，始送之歸。未至家數武，有一廟，廟門新貼上海縣令告示，廣文命停輿視之。俄至家忽蘇，則病已三日不食矣。呼其子芳采曰：「上海縣令新出告示，其詞云云，盍往視之？」芳采往視，果一字不差。乙丑歲，廣文公交車北上，過淮安，入城隍廟，視戲臺聯額，一一如夢中所見。嘉興人趙桐生太守（銘）為余言之。（卷六《幽怪》，第 1182 冊，第 755 頁）

張　燾

張燾，字赤山，號燕市閒人，錢塘籍。生於北京，幼年隨父僑寓天津，寓居津沽三十年。工書善繪，知中醫，識外文，留心時事。(《津門雜記》序)

茲據清光緒十年（1884）梓行三卷本《津門雜記》輯錄。

水會

救火人名伍善……常例於每年春秋兩季，捐款呈供演戲，敬祀赤帝真君，設席酬勞伍善，名曰擺會。（卷上，第44頁）

藝術

城西張姓名長林，字明山，以捏塑世其家。向所捏作戲齣人物，各班角色，形象逼真，早已遠近馳名。西洋人曾以重值購之，置諸博物院中，供人玩賞。（卷中，第18頁）

煙火盒子

城內東南隅，地段荒僻，人家寥落。靠城有草廠庵，其中供奉大士像。二月十九日俗傳為觀音誕辰，居人向於是日醵錢施放盒子。「盒子」者，津人之謂煙火也。屆期白畫演戲，上燈後陸續然放花筒，即點盒子。（卷中，第28頁）

天后宮

三月二十三日俗傳為天后誕辰。天津係瀕海之區，崇奉天后較他處尤虔。東門外有廟宇一所，金碧輝煌，樓臺掩映，即天后宮，俗稱娘娘宮。廟前一帶，

即以宮南宮北呼之。向例，此廟於十五日啟門，善男信女絡繹而來。神誕之前，每日賽會，光怪陸離，百戲雲集，謂之「皇會」。

　　附詩　　津門沈存圃明經峻

　　　　鳴鉦考鼓建旗纛，尋橦擲盞或交撲。魚龍曼衍百戲陳，更奏開
　　元大酺曲。笙簫箏笛弦琵琶，靡音雜沓聽者嘩。（卷中，第 28～29
　　頁）

四月廟會

　　四月廟會最夥。初六、初八日，天津府縣城隍廟賽會，自朔日起至初十日，香火紛繁，而燈棚之盛，歷有年所，尤為大觀。各所分段搭造席棚，或三或五，兩廟相聯。燈綵陳設，備極華麗。文玩字畫，鼎彝尊罍，相映生輝，俱係大家所藏者，皆能借用壯觀。兩廟戲臺，純用燈嵌。晚間請有十番會同人，在縣廟戲臺上奏古樂數曲，隨有崑曲相倡和，皆舊家讀書人也。府廟後樓罩棚，亦有戲臺一座。於正會之次日，有祝壽會。演戲一天，為神祝壽，燈綵尤精妙。戲臺上有梅君寶璐題聯云：「善報惡報，循環果報；早報晚報，如何不報。名場利場，無非戲場；上場下場，都在當場。」頗寓勸懲，使他處挪移不得。……凡出會正日，熱鬧排場，不亞皇會。下午隨駕，有裝扮各色鬼形者。或身高丈餘，或身矮三尺，面貌猙獰，搖頭擺手，奇形怪狀，不一而足，令人可怖。並有書役皁隸，文武儀仗；旗鑼傘蓋，斧鉞金瓜。寶扇提燈，對馬執事；蟒袍獸補，按轡徐行。爐鼎繽紛，旃檀繚繞；鼓吹音樂，清韻悠悠。（卷中，第 33～34 頁）

盂蘭會

　　　　附啟

敬啟者：

　　閩粵山莊盂蘭勝會，諏吉七月十六日開壇建醮，梨園演戲，結綵張燈。擬三晝而連宵，越四日而蕆事。凡我同人，務祈踴躍捐金，多題益善。（卷中，第 36 頁）

小班

　　檔子班，一名小班，亦妓女之流亞也。堂名在侯家後，蓄雛姬數人，玉貌綺年，頗能度曲。所唱名曰「檔調」，鶯歌燕舞，傾倒一時，誠堪引人入勝也。

竹枝詞　芝九唐尊恒

　　　小班檔子著芳名，別有優伶骨格輕。若使論才兼論價，拙於滬
上貴於京。（卷中，第 48 頁）

下處

　　優伶美其名曰「相公」，即「像姑」之訛音，言其男而像女也。向居侯家
後。其寓所曰「下處」，主人曰「老版」。多半亦梨園子弟出身，積有餘資，遂
蓄雛伶，自立堂名，教之歌舞。或唱老生，或作花旦，後來之翹楚，為本色之
生涯。（卷中，第 49 頁）

戲園

　　天津戲園有四。一名慶芳園，在東城外襪子胡衕。一名金聲園，在城內
鼓樓北。一名協盛園，在北門外侯家後西首。一名襲勝園，在北門外大關橋
口迤西。所有戲班向係輪演，有京二簧，有梆子腔。生旦淨丑，色藝俱佳。
鐃歌妙舞，響遏行雲，是足動人觀聽。每日賓朋滿座，嘗有雛伶三五成群，
周旋座客，秋波流媚，粉膩衣香。旁觀者不覺延頸舉踵，目光灼灼。昔人有
詠官座云：「左右並肩人似玉，滿園不向戲臺看。」概可想矣。惟座後看白戲
者，人數壅塞，環繞如六曲屏山，揮之不去，致足厭也。各班角色聚散靡恒，
不能備載。（卷下，第 1 頁）

雜耍館子

　　津門茶肆，每於歲底新正，添設雜耍，招徠生意。其名目有弦子書、大
鼓書、京子弟、八角鼓、相聲、時新小曲等類。茶錢不過三五十文，小住為
佳，亦足以消閒遣興。但時新小曲有如藍橋會、十朵花、新五更、妓女自歎、
媽母好胡塗等牌名，皆淫褻粗鄙之詞，留枕窺簾，鋪排任口，斷雲零雨，摹
擬盡情，未免少年情竇已開、血氣未定者易於移惑耳。（卷下，第 2 頁）

唱落子

　　北方之唱蓮花落者，謂之「落子」，即如南方之花鼓戲也。係妙齡女子登
場度曲，雖於妓女外別樹一幟，然名異實同，究屬流娼。貌則誨淫，詞則多褻。
一日兩次開演，不下十人。粉白黛綠，體態妖嬈，各衒所長，動人觀聽。彼自
命風流者，爭先快睹，趨之如鶩。擊節歡賞，互相傳述。每有座客點曲，爭擲

纏頭，是亦大傷風化。前經當道出示禁止，稍知斂跡，乃邇來復有作者，改名為太平歌詞云。

附詩

盈盈嬌小女彈詞，別有風流絕世姿。一事令人惆悵甚，下場容易上場遲。（卷下，第 2〜3 頁）

津門雜詠

詠津門　崔旭

滿眼繁華看逝波，肩輿塞路走如梭。沈檀珠翠來閩海，花鳥樓臺繞衛河。商賈競趨鹽筴利，優伶紛逐酒筵歌。笙簫聒得遊人醉，未省津關暮氣多。（卷下，第 13 頁）

王增祺

王增祺（1845～？），字師曾，號蜀西樵也、聊園老樵，四川華陽（今成都市）人。廩貢生，官陝西韓城、石泉、洋縣等縣知縣。晚歲還蜀。（江慶柏編著：《清代人物生卒年表》，人民文學出版社 2005 年版，第 68 頁；王曉波主編：《清代蜀人著述總目》，四川大學出版社 2009 年版，第 24 頁）

茲據上海書店 1991 年版《香豔叢書》所收三卷本《燕臺花事錄》輯錄。

賈桂喜*

賈主人桂喜，字露香，京師人，年十七，出聯星。予識之在癸酉夏，年甫十四。其秀在骨，其媚在神。剛健婀娜，兼擅其勝。所演《打灶》諸劇，有獨步燕臺之譽。乙亥重晤，則非復張緒當年矣。性不諧俗，於同輩亦少許可。時人比之梅花，故門前車馬稍稀云。（卷上，第 449～450 頁）

田雙慶*

錦雯劉主人雙壽，字眉卿，京師人，年二十，出文安。予癸酉入都，首識之。……文安見有弟子田雙慶，字雲卿，年十四。顏色如桃花，能演《擋諒》諸劇。（卷上，第 450 頁）

演《進宮》諸劇*

謝寶雲，字月珊，年十六。劉寶玉，字碧珊，年相若。俱京師人，瑞春弟子。當癸酉時，謝生劉淨與姚妙珊合演《進宮》諸劇，令人耳目一快。近則姚、謝已不能登場，而劉音益清健。且其軀復偉岸，乍見之如貴介中人。

至所繪蘭，亦有譽之者。（卷上，第451頁）

王喜雲昆仲*

王喜雲，字霽卿，京師人，年十七。甲戌花榜第三人，詠秀弟子。顏色如朝霞和雪，是具子房之貌，而兼有魏徵嫵媚者，故演《擋諒》諸劇，不掩其姿。其弟茹福兒，字萊卿，年十三，丙子花榜第二人。面如滿月，酬應如成人，以武劇名。（卷上，第451頁）

李玉福*

李玉福，字芙秋，京師人，年十六，丹林弟子。貌白皙，尤善修飾，性聰穎，解作書畫。善演《思凡》諸劇。燈紅酒綠，尤喜唱大江東去，其亦巾幗中有鬚眉氣者耶！（卷上，第451頁）

陳嘯雲*

陳嘯雲，字琴芬，京師人，年十五，景蘇弟子。音清越以長，對面樓頭，人聲騰沸中，能聞其語。童牙孤露，每演《掃雪》諸劇，淚隨聲下。性尤誠實不欺，人以此多之。（卷上，第451頁）

艾順兒*

艾順兒，字麗琴，京師人，年十五，嘉穎弟子。英爽不群，音復清越。演《乾元山》諸劇，令觀者眉飛色舞。近易丈夫為巾幗，豈硯師欲束其不羈之態耶？（卷上，第452頁）

白喜林諸伶*

白喜林，字燕芬，直隸人；吳愛林，字燕芳，京師人：年均十三，杏春弟子。眼波含媚，語囁囁如新鶯。初不與人洽，偶撫之，輒欲嗔，近則頗工酬應矣。吳俊快解人意，而貌差遜，又其弟燕香，齒尤稚，演《冥勘》諸劇，名過兩兄。以昆弋腔較勝也，其秀亦在目。（卷上，第452頁）

王桂官諸伶*

王主人桂官，字楞仙，京師人，年十八，出聞德。善演武生劇，名久噪。蓋其結束登場，群以香孩兒目之。近病重聽，其同堂兄桂林貌白皙，嘗演《斷

橋》諸劇，亦有名，近淪落不可問。又寶善陳荔衫，亦以武劇名，近病歿。（卷上，第 454 頁）

劉喜兒與秦鳳寶*

劉喜兒，字稺蓀，京師人，年十七，保安弟子。貌豐潤，雙瞳剪水，一顧撩人，幾與孟如秋相伯仲。設粉黛登場，必有狂惑失志者。善演《醉寫》諸劇。又綺春弟子秦鳳寶，字豔仙，貌最豐，時以小和尚呼之。工度曲，亦演生劇，名出劉上。乙亥秋病歿。（卷上，第 454 頁）

賈蕙秋*

張菊秋，字憶仙，本名椿，廣西人，年十七，蘊華弟子。少喜憨跳，近善歌。其弟賈蕙秋，姿首過之，演《賣藝》諸劇，其武技有足多者。（卷上，第 454 頁）

鄒 弢

鄒弢（1850～1931），字翰飛，號瀟湘館侍者，江蘇無錫人。十八歲，就讀於姑蘇。清光緒元年（1875）中秀才。後執筆於報界，又遊幕於陝西、湖南、山東和北京等地，擁護維新。戊戌變法失敗後，他致力於教育，不問政事。晚歸故里。

茲據臺灣《筆記小說大觀》所收十二卷本《三借廬筆談》輯錄。

菊社

庚辰秋九月，長洲姚芷芳、嘉興楊南湖（伯潤）、金君免癡於海上豫園大開菊社。南湖首倡二絕句，一時中外詩人和者數百家。柴桑而後，此亦足以自豪矣。惟二首原韻，最為難押。余獨愛芷芳次韻二首，錄其一云：「詩成莫漫肆閒評，對菊開尊醉有名。一角樓臺涼枕水，獨留花月占雙清。」更製一聯云：「勝事讓名園，瀹茗登樓，對此三徑秋英，忽憶到白衣送酒；幽花無俗韻，呼朋入座，解到一官春夢，便容將烏帽題詩。」時來遊者多俗，此聯蓋擯之也。倪思劬秀才亦次韻云：「一籬佳卉植黃花，瘦影殘香處士家。可惜煙波數重隔，臨風空對幾枝斜。」「把酒登樓細品評，個中高會早傳名。半簾花影西風裏，也學詩人骨格清。」（卷一，第 28 編，第 5758 頁）

金鳳鈿

湯臨川《牡丹亭》曲膾炙人口。相傳揚州有女史金鳳鈿（梅仙云蘇州人，宋姓。毓仙云浙江人。不知其姓名），父母皆故。弟年尚幼，家素饒，遺貲甚厚。鳳鈿幼慧，喜翰墨，尤愛詞曲。時《牡丹亭》書方出，因讀而成癖，至於日

夕把卷，吟完不輟。時女未字人，乃謂知心婢曰：「湯若士多情如許，必是天下奇才，惜不知里居年貌，爾為我物色之。我將留此身以待也。」婢果託人探得耗，知若士年未壯，已有室，時正待試京師，名藉藉傳人口。即以覆鳳鈿。鳳鈿默然久之，作書寄燕都達意，有「願為才子婦」之句。年餘無覆書，蓋已付洪喬公矣。復修函寄之，轉輾浮沉，半年始達。時若士已捷南宮，感女意，星夜來廣陵，則鳳鈿死已一月矣。臨死遺命於婢曰：「湯相公非長貧賤者，今科貴後，倘見我書，必來相訪。惟我命薄，不得一見才人，雖死難瞑。我死，須以《牡丹亭》曲殉，無違我志也。」言畢遂逝。若士感其知己，出己貲力任葬事，廬墓月餘始返。因理金氏產，並其弟悉載以去，後弟亦成名。楊雲生為余述。（卷二，第 28 編，第 5779 頁）

紉秋館

　　吳子芹菊部，名畹芬，別字紉秋館主人，梨園中之名旦也。色藝均佳，與想九霄、周鳳林、小桂壽、小桂鳳、萬盞燈等齊名。園中人皆呼為蘭仙。顧主人雖膺盛名，深自韜晦，見人吶吶然，如不出之口，性耽風雅，習藝之暇，即學寫生。所畫墨梅、墨蘭，尤得新田筆意，惟不甚多作。時人得其墨蹟，珍若連城。主人有《小欄花韻午晴初》手卷，名人如楊見山（峴）、楊綏臣（靖）兩太守、倪雲劬司馬（鴻）輩題詠殆遍。余亦曾題二首。甲申夏，主人自申返吳，余鬱鬱不自得，寄二律云：「花前狎酒酒邊吟，簫史初逢愜素心。曾倚清歌傾四座，難消豔福值千金。別時瘦鶴長相憶，去後仙鸞不可尋。寄語登場須保攝，嚴寒已是十分深。」「來既無時去已休，靈河月冷阻紅虯。湘波鍊怨情難寫，銀管題詩淚不收。蘆荻江邊猶暫住，霓裳隊裏怕重遊。倘憐小友相思苦，好附征鴻一紙投。」主人見余詩，默然久之，若有大不得已者。嗚呼！蓮性易胎，藕絲難殺，有情人大抵皆然，況吾輩耶？（卷五，第 28 編，第 5857～5858 頁）

擊筑餘音

　　余嘗見《擊筑餘音》曲十六首，淋漓悲壯，直欲以銅琶鐵板浮大白歌之。或謂係熊公開元所作。按：熊公為明季進士，崇禎末官行人副使，嘗召對，面劾首輔下詔獄，廷杖幾死，尋遣戍。明亡薙髮為吳市僧，號蘗庵和尚。其孤忠憤激，生不忘君，宜詞旨之沉痛也。惜此曲為暨陽張懷白先生（皇煥）口授，抄本不載牌名，因錄之，以俟識者訂正。詞云：

太極混元包。忽被那盤古皇無端羅啐。生剌剌捏兩丸泥彈子，撮幾粒碎塵礁。云是烏飛兔走，嶽鎮也山朝。更抓幾條兒疥蟲路，摳半掌兒跷岑道。到今來崑崙萬仞撐天柱，江漢千支入海潮。弄這虛囂。（第一首）

女媧氏你斷甚麼拄天鼇。有巢氏你架甚麼避風巢。更有那不識字的老包羲，你畫甚麼奇和偶。不知味的老神農，你嘗甚麼卉和草。更有那惹是招非的軒轅，你彌天擺下魚龍陣，平地裝成虎豹韜。便留下萬古一把殺人刀。（第二首）

笑笑笑。笑那嘮叨置閨的老唐堯。你何不把自己的丹朱來教導。笑笑笑。笑那虞廷受禪的女夫姚。你終日裏謅稷契，拜皋陶。命四嶽，殺三苗。省方巡狩遠遊邀。到頭來只博得湘江血淚斑新竹，衡嶽枯骸葬埜蒿。試向那九疑山，聽杜宇一聲聲到〔道〕，不如歸去好。（第三首）

可憐那崇伯子，脛無毛。平水土，服勤勞。他家落得賢郎好。誰知轉眼兒，卻被那寒家小吏奪了頭標。更找一出沒下梢的禁死在南巢。那小子履真無道。聽了一個老農夫，開手兒便把君王剿。他只道山中享國能長久，七聖流風盡可表。誰知道六百年來夢一覺。冤家到，不相饒。瑤臺萬點青磷冷，只首孤懸太白搖。方信是因果難逃。（第四首）

伏黃鉞，陣雲高。鷹揚戰血漂。誰知有同室鷗鶹。破斧興嘲。天顯揮刀。縱然有能干蠱的宣王，也救不得驪山一粲宗周燎。秦邦夜半催書到。泗濱頃刻淪神寶。試聽那悠悠行邁黍離歌，依稀似漸漸麥秀傷殷操。（第五首）

那其間有弄筆頭的老尼山，把二百四十年的死骷骸，顯得他七顛八倒。有那愛鬥嘴的老嶧山，把五帝三王的大頭巾碰得他沒頭沒腦。還有那騎青牛的說玄道妙。跨鵬烏汗漫逍遙。也記不得許多名號。秦關楚趙。蘭卿鬼老。都只是扯虛脾，斬不斷的葛籐，騙矮人弄猢猻的圈套。（第六首）

嬴岭氣正豪。六鷁巢俱掃。琅琊碑，鑄不了秦官號。綠雲鬢，裝不了阿房俏。童男女，探不迭長生料。蠆魚膏，照不見黃泉道。誰知有那赤帝子，向芒碭山中斬蛇當道。重瞳興，邯戈倒。軹道旁，嬰前導。若不是咸陽三月徹天紅，怎息得六王泉下心頭惱。（第七首）

更有那莽亭長唱大風歌一套。便做了漢家天子壓群豪。更有那小秦王下殘棋幾道。便做了唐家天子擁神皋。還有那香孩兒結相知幾老。便向那陳橋古驛換黃袍。當日個將蕭曹。文學虞姚。草檄儀陶。共道是金甌無缺，玉燭常調。誰知醃巨魁，早摹揙了金縢稿。小曹瞞套寫定了山陽表。漁陽鼓驚破了霓裳調。

碭山賊鑿開了九龍沼。五國城預困著雙昏趙。皋亭山明欺那孤兒虣。試看那未央春老。華清秋早。六陵樹杳。一抹子兔跡狐蹤，荒煙蔓草。何處覓前朝。（第八首）

那其間有幾個狗偷鼠竊的權和操。有幾個馬前牛後的翁和燠。有幾個狗屠驢販的奴和盜。有幾個梟唇鴟舌的蠻和獠。亂紛紛，好一如螻蟻成橋。鳩鵲爭巢。蜂薑跟淘。蟿蜥隨潮。也沒有閒工夫記這許多名號。（第九首）

惟有我大明太祖高皇帝，定鼎金陵早。驅貔虎，禮賢豪。南征北討。霧散煙消。將一片不見天日的山前山後，盡洗得個風清月皎。將一番極齷齪不知潔淨的胡言胡服，生闢做了中原夷獠。真個是南沖瘴海標銅柱，北劈冰厓峙寶刀。更可喜那十七葉的聖子神孫，一個個垂裳問道。食旰衣宵。誰知天地變，蘗芽萌，風枝鬧。生幾個氂毛。挾幾條短刀。不提防衝破了崤岷道。望秦川欃槍正耀。指燕雲旌旗正高。霎時間把二百七十年的神京生踏做妖狐淖。（第十首）

痛痛痛！痛那十七年的聖天子，掩面向煤山弔。痛痛痛！痛那掌上珍的小公主，一劍向昭陽倒。痛痛痛！痛那有令德的東宮，生斫做血蝦蟆。痛痛痛！痛那沒罪過的二王，倒做了一對開刀料。痛痛痛！痛那詠關雎嗣徽音的聖母，尸撇在後宮門，沒一個老宮娥私悲悼。痛痛痛！痛那受寶冊坐長生的隻身兒，先〔失〕陷在賊窠巢。（第十一首）

恨只恨這些幾班官，平日裏受皇恩，沾封誥。烏紗罩首，金帶橫腰。到今日一個個稽首賊廷，懷揣著幾篇兒勸進表。還有那叫做識字文人草的幾句兒登極詔。更有那不管事的蠢公侯，如羊如豕，都押在東城坳。夾拶著追金寶。姣滴滴的女妖嬈。白日裏恣淫嬲。俊翩翩的縉紳兒，都牽去做供奉的龍陽了。可恨那九衢萬姓悲無主，三殿千官慶早朝。萬斬也難饒。（第十二首）

沒一個舉義旗下井窟的張天討。沒一個驅鐵騎渡黃河的把賊膽搖。沒一個痛哭秦庭效楚包。沒一個灑淚新亭似晉導。沒一個擊江楫風湧怒濤高。沒一個舞雞鳴星盡月痕消。沒一個罵賊嚼血濺似常山杲。沒一個守孤城碎首在睢陽廟。大都來鶴唳風聲預遁逃。把青齊兗冀，雙手兒捧得早。（第十三首）

金陵福主興，江南彗星照。欲想中興把鐵券兒幌耀。招狐群，樹狗黨，蟬蜩般嘹哨。可憐那掌大的兩淮，也供不得群狼抄。便半壁江南，也下不得諸公鈞。反讓那晉劉氏，倒做了哭義帝的漢高皇，軍容素縞。可憐那猛將軍，倒做了絕救兵的李都府，辮髮頭毛。兀的不悶殺人也麼哥！兀的不痛殺人也麼哥！

還要貪天功，向秦淮渡口把威權召。（第十四首）

胡哄哄鬧一回，癡迷迷醉幾朝。獻不迭歌喉舞腰。選不迭花容月貌。終日裏醉酕醄。燒刀御量千杯少。更傳聞聖躬堅具賽敖曹。還虧了蟾酥秘藥方真妙。沒來由羽書未速甘泉報。翠華先上了潼關道。一霎時南人膽搖。北人志驕。長江水噪。鍾山氣消。已不是大明的年號。（第十五首）

寶庭瓦礫拋。陵寢松楸倒。只聽得忽剌剌半天胡哨。車兒上滿載著瓊瑤。馬兒上斜摟著妖嬈。打量處把脾兒臊。急得那些躲不盡的蠻子們，恨不得向那大鼻子的把都兒做個親爺叫。（第十六首）（卷五，第 28 編，第 5870～5874頁）

碧桃館

仁和趙君蘭女史（我佩），名士秋舲先生（慶熹）之女也。先生以詞曲著名，著有《香消酒醒詞》二卷，曲一卷。女史家學淵源，九歲即能吟，著《碧桃館詞》，人有謂先生手段者。余觀女史詞，實出先生之上，人言不足信也。（卷六，第 28 編，第 5892 頁）

蒲留仙

蒲留仙先生《聊齋誌異》用筆精簡，寓意處全無跡相，蓋脫胎於諸子，非僅抗手於左史、龍門也。相傳先生居鄉里，落拓無偶，性尤怪僻。為村中童子師，食貧自給，不求於人。作此書時，每臨晨攜一大磁罌，中貯苦茗，具淡巴菇一包，置行人大道旁，下陳蘆襯坐於上，煙茗置身畔。見行道者過，必強執與語，搜奇說異，隨人所知，渴則飲以茗，或奉以煙，必令暢談乃已。偶聞一事，歸而粉飾之，如是二十餘寒暑，此書方高蔵。故筆法超絕。王阮亭聞其名，特訪之。避不見，三訪皆然。先生嘗曰：「此人雖風雅，終有貴家氣，田夫不慣作緣也。」其高致如此。既而漁洋欲以三千金售其稿代刊之，執不可。又託人數請先生鑒其誠，令急足持稿往。阮亭一夜讀竟，略加數評，使者仍持歸。時人服先生之高品，為落落難合云。（卷六，第 28 編，第 5907～5908 頁）

優癖

崇禎時包耕農上舍，與蘭陽王斥交莫逆，俱有優癖。一家濡染，婦女皆好之。一日，家人共演《西廂記》。子婦及女分扮張生、紅娘、鶯鶯等人；

令季女率婢僕扮孫飛虎；己則僧衣短棍，作惠明狀。正登場演樂，其友某翁新捐僉事，將之京待選。忽來辭行，婦女皆驚避去，包不及更衣，僧服相見。翁愕然曰：「君胡為者？」道其故，相與捧腹。後見《柳南續筆》云：王斤家居時，邑令往謁。值王方傅胡粉，衣婦人服登場。令入，家人散去。王不易服，直前迎令。令訝甚，問：「爾主人何在？」王為婦人拜，徐答曰：「奴家王斤是也。」其女嫁某家，既婚，壻設席候之。王朱其面，綠袍跨馬，作壯繆狀。至門，壻出迎，殊不顧。下馬胡旋，口唱「大江東」一曲而入。座中皆駭匿。引滿巨羅而歸。兩家如出一轍，癖好如此，真不可解。（卷八，第 28 編，第 5951 頁）

《石頭記》

《樗散軒叢談》云：《紅樓夢》實才子書也，或言是康熙間京師某府西席孝廉某所作。巨家故間有之，然皆抄本。乾隆時，蘇大司寇家因此書被鼠傷，遂付琉璃廠書坊裝訂，坊賈藉以抄出付梓，世上始有刊本，惟止八十回。臨桂倪雲臞大令鴻言，曾親見之。其四十回，不知何人所續。或謂高蘭墅（鶚）所補，又謂無錫曹雪芹添補，皆無確據。洞庭王雪香先生取此詩〔書〕加以評語，亦無出色。最可笑者，龍潭廠雲友批本，共數百條，泛論迂談，無理取鬧，謂欲表作者之苦心，吾不信也。惟「顧恩思義」一則，及說黛玉身子是乾淨無瑕，故不許其嫁而死；又說黛玉生日打扮宛如嫦娥，演的新戲《蕊珠記》，說扮的小旦是嫦娥，因墮落人間，幾難完璧，幸觀音點化，未嫁而死；論以為明明說到黛玉深處。又云薛氏梨香院，後以居女優而讓出，既為教戲之所，得勿謂梨園耶？則薛氏可知，而寶釵愈可知。余謂梨香院即隱寓梨園意，院與園音似。雲友此說，獨有見到處。（卷十一，第 28 編，第 6053～6054 頁）

秋香

華氏婢秋香故事，久已膾炙人口，皆知為唐伯虎事。近見王行甫《耳談》載此事，始知我鄉陳元超少時事也。元超父以疏論嚴氏謫死，元超歸里，致有此事。三笑小說，蓋本此以訛傳訛耳。（卷十二，第 28 編，第 6076 頁）

黃協塤

　　黃協塤（1851～1924），字式權，號畹香室主，筆名夢畹生，江蘇南匯（今屬上海市）人。廩生。與徐耐冰、顧恂侯、陳賡甫、唐志陶、馬亦昂等人結淡社，時相唱和。後任上海《申報》主筆。（王榮華主編：《上海大辭典》下冊，上海辭書出版社 2007 年版，第 1969 頁）

　　一、據上海書店 1991 年版《香豔叢書》所收二卷本《粉墨叢談》及附錄一卷輯錄。

周鳳林

　　鳳林，吳人，小字桐蓀。……鳳林雖工京戲，然其擅場者，究在崑曲。所演《驚夢》《佳期》《盜令》《挑簾》《獨佔》等劇，柔情綽態，宛轉抑揚。（卷上，第 17 集，第 237 頁）

想九霄

　　想九霄，姓田，小字虎兒。以秦聲馳名滬上，每一發聲，脆如炙雨鶯簧，一清俗耳。當於柳陰深處，攜雙柑斗酒，危坐聽之。……予最愛其演《紅鸞喜》一折，朱顏粉頸，婉麗無雙，而一種低徊羞澀之情，時向眉梢微露。娟娟此豸，誠可兒也！（卷上，第 17 集，第 238 頁）

小桂林

　　姑胥臺畔有妙伶焉，陳其姓，桂林其名。年如荔支娘之數，隸名大雅部。以丁亥新春來滬，滬之人慕芳名久矣，至此無論識與不識，咸以一親玉貌為

榮。每一登場，貂冠滿座，後至者雖欲插足而不能。……最愛其演《折柳陽關》一曲，柔情密意，宛轉遲回，歌至「他鞭絲有分多奇女，你紅粉無依一念奴」之句，淚痕融頰，差疑帶雨梨花，傷心人誠別有懷抱也。（卷上，第 17集，第 238～239 頁）

金菊花

金菊花，向在都下，掛籍同順和班。蔥蒨玲瓏，豔聞鳳禁。去秋應詠霓主人之聘，航海來申。時年才十四五耳，而花底鶯喉，已超凡響，一聲初度，幾於飛上九天。貌亦莊雅絕倫，靜穆豐神，時於氍毹間一露。工唱《遺翠花》《血手印》《雙斷橋》《明月珠》《池水驛》諸劇，幽情苦緒，曲曲轉〔傳〕神。洎乎歌罷下場，廣筵伺客，則又天真爛漫，嬉笑無常，竹馬遶床，嬰伊可愛。豈玉府侍書仙謫下紅塵世界耶？何瀟灑出群乃爾也。（卷上，第 17 集，第 239頁）

胡喜兒

喜兒，鄂人。其父業屠，固赳赳然一武夫也。喜兒則媌曼清揚，輕盈嬌小，一洗老犁牛之所為。丙戌仲春，偕龔星兒至滬，著錄天仙部。演劇不多，然頗能體會入細。最工《遊龍戲鳳》，嬌羞掩抑，薄怒佯嗔，描繪鄉里小女兒，頗覺聲情逼肖。（卷上，第 17 集，第 240 頁）

一汪水

一汪水，秦人。數年前曾注籍大觀園，時年才十有二齡，童真未漓，憨眺可喜。自大觀既歇，曹部一空，悵望秦雲，久不得美人消息矣。丙戌之秋，經詠霓園主人招之復來，則月滿花芳，已到破瓜年紀。豐容盛鬋，豔若天人，而一點櫻唇，尤覺別饒嫵媚。品花者以「富貴風流」四字目之，洵不誣也。工秦聲，鶯喉一囀，使人意消。每一登場，座無虛位；纏頭之錦，高積如山。同部有人人愛者，歌喉可與之埒，而舜英已謝，無復楚楚豐神，聲價之高，遠不及水。嗟乎！以貌取人，士林且若此，況梨園乎？（卷上，第 17 集，第 240～241 頁）

粉菊花

秦伶粉菊花，小字奎兒。以丙戌仲冬至滬。行裝甫卸，丹桂園主即以厚

幣聘之。年甫十五六，身材瘦削，宛如昭陽殿里第一人。……及演《演火棍》《泗州城》諸劇，禿襟窄袖，飛舞雙刀，則又矯健輕靈，迅如鷹隼，誠菊部中未易材也。猶憶昔年花旦之文武兼長者，以十三旦為開山初祖，芳名之噪，幾遍瀛寰。近時余玉琴亦頗得其一體，惜乎珠喉稍澀，未能驚落梁塵。自有粉菊花，而舞態歌聲並皆佳妙，尋常子弟，直欲退避不遑。（卷上，第 17 集，第 241 頁）

胎裏紅

自金菊花去後，雛伶之能作秦聲者，幾於風流歇絕。近始得胎裏紅其人。紅與一汪水同來，即同隸詠霓樂部。（卷上，第 17 集，第 241～242 頁）

日日紅

日日紅，籍隸同勝和班。初在義錦園演劇，義錦既歇，改籍留春。身材婀娜，淺笑嫣然。工唱青衫，發響探喉，高出雲表，一聲裂帛，四座皆暗，誠有如白香山詩云「曲罷常教善才服，妝成每被秋娘妒」者。與老生滿京紅足稱勁敵，其合串《倒廳門》《算糧》《登殿》《三娘教子》等戲，迴腸盪氣，伊鬱酸辛，如聆《河滿》一聲，令人雙淚如珠下。聲音之感，竟如是乎！小藍田懺情侍者嘗語予曰：「紅姓朱，本保定良家子，少年流落，誤入梨園。」宜其哀楚蒼涼，情不自己也。（卷上，第 17 集，第 242 頁）

萬盞燈

燕市歌郎李小園，別字瘦仙，俗以萬盞燈呼之。光緒初元，掛名大觀樂部。其時，定子芳齡恰合闌干之數。雛髮初燥，圓渦漸生，見人則撚帶含羞，兩頰隱隱現紅霞色。閱二年，春江遊倦，返棹宣南。京洛軟紅，芳名鼎盛。至有名公巨卿執厚贄踵門，願求一見顏色者。至前年，滬上鴻泥，重來印證。初在詠霓曲部，繼又改而之留春。雖番風廿四，已將開到楝花，而柳嚲花嬌，紅衿翠譖，輕盈柔婉，猶足壓倒群芳。（卷上，第 17 集，第 243 頁）

吳蘭仙

蘭仙為南皮太守後人，自字號紉秋館主。工畫墨蘭，風枝雨葉，婀娜橫斜，大有馬湘蘭遺意。間作小詩，亦頗楚楚有致。平日湘簾棐几，煮茗焚香，手一編孜孜不倦。時或春秋佳日，款步芳郊，細數落花，緩尋芳草。見之者疑是烏

衣子弟，不知其為菊部雛伶。及夫簪花傅粉，裝束登場，則又豔麗輕盈，娼娥靡曼，彷彿漢皋日暮，解佩仙人。豈西山白桃花，獨得秀靈之氣與？瘦鶴詞人與之昵，瑤情玉意，密若漆膠。嘗輯《春江燈市錄》一書，甄綜群芳，遺未載入。予戲賦七絕調之云：「徧從滄海網珊瑚，紫姹紅嫣細細搴。獨有幽蘭在空谷，秋風蕉萃泣遺珠。」蘭仙見之，嗚咽者累日。（卷上，第 17 集，第 243～244 頁）

小桂鳳

桂鳳，山左人，姓田字桐秋。……癸未仲秋始來滬上，掛名天仙部。每當裝束出簾，喝采聲無異天驚石破。……吳興藝蘭生見陸小芬演《折柳》一劇，謂其粉膩脂柔，足令李郎情死。倘令桐秋演此，更不知顛倒若何也？（卷上，第 17 集，第 244 頁）

蔡桂喜

光緒七年夏，桂喜自黃鶴樓頭來滬，一時巨宦豪商，欲覿鄭櫻桃風韻者，座上多至數千人。……善演《虹霓關》《少華山》，有意無意，忽莊忽諧，端嚴靜穆之中，微露風情月意。（卷上，第 17 集，第 244～245 頁）

紅菊花

紅菊花，都中名旦也。去冬，詠霓茶園主人聘之來滬。……善秦聲，所演《遺翠花》《海潮珠》《雙鎖山》《賣胭脂》等劇，時而目成眉語，時而釧舞釵飛，要皆盡態極妍，各臻其勝。（卷上，第 17 集，第 245 頁）

小桂壽

桂壽，淮甸人。……其演《紅鸞喜》《雙釘記》《關王廟》《賣餑餑》《小上墳》，尤為妙絕一世。每演必與丑腳小金生俱，鴛鴦嬌小，比翼情深，杏子陰假鳳虛皇，恐亦無此繾綣。戊寅冬祀灶日，桂壽遇祟暴亡，金生哭之慟，立誓不復登場，未幾抑鬱以死。（卷上，第 17 集，第 245～246 頁）

十三旦

癸酉甲戌間，十三旦以豔名噪燕臺。旦秦人，能作秦聲，貌亦姣好，蛾眉曼淥，宛若天人，品花者以碧桃擬之。初，都門不尚山陝雜劇，至有嘲之為「弋

陽梆子出山西，粉墨登場類木雞」者。至是而靡然從風，爭相傾倒，冠裳裙屐，座上常盈。既復航海來申，在丹桂茶園著籍，甫一登場，擲纏頭如密雪。其演《新安驛》也，紅蚪怒磔，綠鬢低盤，兒女英雄，真令人又驚又愛。不數月，累累者已盈鉅萬，乃重返都門。近則一片飛花，又不知流向天涯何處矣。（卷上，第 17 集，第 246 頁）

嬰寧旦

嬰寧旦，金桂部雛伶也。芳齡駕小，密意犀含，微步珊珊，離塵獨立。太癡生《古意》詩「生成鎖子骨，越細越玲瓏」二語，正為此君寫照也。工顰，好事者以病西施呼之。予謂捧心獻媚，未免作意經營；若嬰之翠黛低含，天然丰韻，其為瀟湘館之林顰卿乎？金桂歇後，子弟散若晨星；嬰則移寓姑胥，芳名益著。特不知酒綠燈紅之畔，淺斟低唱之時，猶憶及滬上鴻泥，流連不置否？（卷上，第 17 集，第 247 頁）

王喜壽

喜壽，燕人，小字雅琴。以丙子歲來滬，在金桂軒演劇。年如箏柱之數，雛髮覆額，秀韻天然，而莊雅不佻，頗不類梨園中人物。善唱青衫，所演《祭寶塔》《三娘教子》，尤為獨出冠時。……未幾，隨其師返都門。閱幾年，有他伶冒其名來滬，雖耳食者仍譽不絕口，然鄒忌竟遠遜徐公矣。何舞衫歌扇中，亦有河豚贗本耶？嘻！（卷上，第 17 集，第 247 頁）

萬筱香

筱香，姑胥人，為名優葛子香之妙裔。……筱香淵源家學，譽擅出藍，總角年華，即已聲馳菊部。今歲始隨大雅班來滬，在三雅園登場。……嘗與蟾仙合演《胖姑》一折，抑揚頓挫，妙造自然，雙璧聯珠，有目共賞，迴非挾瑟唱《楊叛兒》者所能企及。（卷上，第 17 集，第 248 頁）

金鑲玉

金鑲玉，產自秦中，來遊滬上。詠霓茶園主素耳其名，至即羅而致之，令其登場獻技。清歌未畢，喝采聲喧。貌雖不逮中人，而束素腰纖，裁雲鬢薄，善作內家裝束，幽嫻和婉，宛然林下風期。歌喉瀏亮出群，直欲穿雲裂石，而纏綿往復，純任自然，真如瑤天笙鶴，不染纖塵。性喜修飾，吐屬亦

風雅宜人，蘭臭襲裾，淡而彌馥。聞其師劉姓，昔年頗著盛名，玉，其高足也。春風桃李，宜乎譽滿燕臺哉。（卷上，第 17 集，第 248～249 頁）

佛心動

明鏡無臺，菩提無樹，靈犀一點，湛然寂然，此佛之宗旨也。至被摩登伽女攝入嬝席，嬝躬撫摩，則雖戒體依然，未免近於外道矣。詠霓諸郎中有名佛動心者，光盈寶月，豔奪明霞，圓轉如珠，清瑩若水。時挽兩鬢作天魔舞，迴旋頓挫，流利輕盈，無異公孫大娘之舞劍器。或作小家女子裝，長袖輕裾，婀娜盡致，宜嗔宜喜，令人生憐。豈維摩居士，以色身示人，為大千（八千）世界眾生說法耶？噫！我聞如是，請靜參四壁秋波，於意云何？合喚醒一場春夢，靈臺不昧，試鑒於茲。（卷上，第 17 集，第 249 頁）

王翠喜

翠喜，亦北地燕支也，曾演劇大觀園。月下梨花，冷淡中別饒嫵媚。歌聲可與金菊花埒，而其芳姿玉潤，妙緒絲抽，則又足駕而上之。最工《十八扯》一折，紅繩約辮，嬉戲無常，恍惚十三四女郎鬥草簸錢光景。……曾幾何時，予復橐筆來遊，翠喜方改籍詠霓樂部。雖舞衫歌扇，不異當年，而玉貌珠喉，已非疇日，蓋一別已五六年矣。未幾翩然而去，不知所之。（卷上，第 17 集第 249～250 頁）

小金翠

金翠，姓張，小字珠子，直隸保定人。本良家子，以水災流徙，墮入梨園。……嘗見其演《十八扯》《合鳳裙》《新安驛》諸劇，喬作須叟，款步碧甋觤上，新鶯乍囀，宛若笙簧，真有端如貫珠、清同叩玉之妙。初不甚知名於時，乙酉暮春，吳門太癡生來遊滬瀆，花間薜苣，逾格垂青，投贈之詩，多如束筍，而芳名遂大噪梨園矣。（卷上，第 17 集，第 250 頁）

水上飄

水上飄，金桂部中名旦也。初至申江，年才三五。神清如雪，貌豔於花，而一笑嫣然，櫻唇微啟，尤足迷下蔡而惑陽城。近在留春園售技，秋娘半老，風致全非，而按部隨班，猶不失方家舉止。纏頭一曲，妙響入雲。後起名花，斷難望其項背。然歌場寥落，賞識者希，終不能與慘綠少年，爭勝於棗花簾角

矣。日月不淹，美人遲暮，鏡中白髮，能無慨歟？（卷上，第 17 集，第 251 頁）

余玉琴

甲申六月，玉琴初至申江……予以七九甫卸，未暇縱觀，星會之夕，始邂逅於丹桂戲園。……善演《畫春園》《白水灘》《泗州城》《雙鎖山》，尤工跑馬賣藝，鶯捎燕舞，錦簇花團，燈下觀之，幾令人神搖目眩。及扮《海潮珠》中之崔杼妻，《鐵弓緣》中之梁夫人，則又橫波流媚，冶態欺花，史湘雲醉臥芍藥陰，未必有茲妍媚，真優孟中全材也。（卷上，第 17 集，第 251 頁）

王畹雲

畹雲，吳人，總角時，隨其父桂芳至滬，掛籍天仙園。桂芳以唱青衫得名，裂石穿雲，不足喻歌聲之妙。畹雲髫年明慧，一經指授，即能青出於藍。顧素姓〔性〕好高，不屑與梨園中人伍，雖或登場獻技，時以飄茵墮溷為虞，每當知己談心，往往淚如玉箸，蓋亦彼中之有志節者也。（卷上，第 17 集，第 252 頁）

小金虎

金虎，姑胥人。……所唱《跳著》《佳期》《拷紅》《驚夢》等劇，至數十折，歌聲舞態，娓娓動人，而一種苦緒幽情，尤覺描摹盡致，衛洗馬所謂「卿言愁我始欲愁」者，其在斯乎？（卷上，第 17 集，第 252～253 頁）

月月紅

鄂伶月月紅者，吳其姓，麗卿其名，初隸詠霓樂部。乙酉冬，重來滬上，適六馬路新開鴻桂茶園，遂改籍焉。……其演《貴妃醉酒》也，柔情憨態，婀娜無儔，頰暈嬌紅，眉凝慘綠，固應令李三郎魂銷欲死，不復念宗祐安危矣。……嘗其扮《打櫻桃》之平兒、《梅龍鎮》之鳳姐兒、《餷餷店》之大嫂子，亦佳，蓋以妖冶勝也。（卷上，第 17 集，第 253 頁）

蓋山西

蓋山西，亦六七年前名旦也。……嘗見其偕想九霄演《雙小上墳》，婉轉抑揚，低徊俯仰，穿花雙蛺蝶，無此輕盈。或有病其囿於秦聲、不足登大雅之堂者，不知北曲南詞，各隨風尚，苟得驚才絕豔，壓倒群芳，安見搏髀彈箏，

不勝於調絲撮竹乎？（卷上，第 17 集，第 253～254 頁）

遮月仙

偶見太癡生，必向予繩遮月仙之美。然夢想芳容，無由一見也。一日觀劇於義錦茶園，見一伶窄袖短衣，掣雙刀如白雪，年可十五六，面如滿月，妍媚中別有英爽之氣。歸以語太癡，太癡曰：「嘻，是殆遮月仙也。何為而至於斯乎？」明日適有案目來，問之良信。按月仙燕人，精技擊，善為角抵戲，所演《二龍山》《四傑村》《演火棍》等劇，均能獨步一時。時或柔羅文縠，鞾袖低環，唱【青紗帳】【玉柄扇】諸小曲，亦覺婉麗可愛。殆所謂明明如月、飄飄欲仙者乎？太癡愛之，謂為豔冠梨園。是說也，亦有齮之者。按月仙近已改籍留春園。（卷上，第 17 集，第 254 頁）

邱阿四

阿增之弱弟行四者，初為某巨公小史。乙酉冬，始來天仙園演劇。年未二十，豐肌麗質，韶秀可人。阿增素以崑曲擅場，同治初隨大雅班來滬，豔名鼎鼎，藉甚一時，近已如潯陽商婦矣。四得其薰陶，頗能嗣響，嘗見偕丑腳姜善珍演《借茶》一折，佯羞薄怒，媚眼流波，蓮步輕移，檀雲低鬌，淫蕩之態，微露於靜穆之中。及為《落金扇》中之鴉鬟，則又流蕩憨跳，慧媚溫柔，雛髮未乾，風情淺逗。娟娟此豸，誠可兒也！（卷上，第 17 集，第 255 頁）

小十三旦

小十三旦，初與小生人參娃同隸大觀園。仙骨玲瓏，瘦如飛燕，瓠犀一露，百媚俱生；而儀靜體嫻，不屑效時下妖冶之態。善秦腔，愛作變徵聲。其演《雙斷橋》也，苦緒幽情，曲為傳出，沉沉嬌喘，細若蠶絲，恐宋廣平鐵石心腸，亦應為之百折。時年方十五六齡，予亦慘綠華年，甫逾弱冠。洎大觀既閉，雲散風流，迨甲申歲重至申江，在詠霓園售技，而予已霜侵鬢腳，且亦蛾眉漸改，無復舊日丰姿矣。年光如女樹，可勝慨哉！（卷上，第 17 集，第 255～256 頁）

小金喜

義錦諸郎，俱以金為小字，金喜其翹楚也。年可十二三，面團團如滿月。癸未、甲申間屢見於詠霓席上，丹山雛鳳，早已一鳴驚人。嗣隨其師至蘇臺，

不見者閱二載。去冬重來滬瀆，訪豔者爭以一見為榮。顧金喜性恬靜，不樂與紈綺少年交，嘗自謂「我輩既入梨園，登場獻技，分也；若欲翠被薰香，餘桃分液，伺人意旨，狐媚乞憐，雖死斷不出此。」嘻，今之世，一趨炎時勢之場也，大丈夫功名赫濯，顯奕扃巘，跡其發軔之初，孰不從依附脂韋而得？不料十餘齡小妮子，竟能有此豐裁！醴泉無源，不洵然歟？工演《十八扯》《合鳳裙》二折，不屑描頭畫角，自能遊戲傳神。（卷上，第 17 集，第 256 頁）

八琴旦

八琴旦，善唱秦腔，年可十六七。初至滬上時，見其演《珍珠衫》一折，不甚奇之。一日偶在丹桂園，見有一少年韶顏稚齒，趿蝶履，曳蟬衫，小立下場門外，清幽靜穆，無殊月下芙蕖。異而詢之，則琴也。繼觀其演《梅龍鎮》，鴛鴦嬌小，乍解風情，羞澀輕盈，令人心醉。花旦中具此風格，真不易材也。嶺南三十六江外史歷遍歌場，頗垂青睞，嘗謂「倘與余玉琴合演《雙斷橋》，可謂珠聯璧合。」其傾倒亦云至矣。（卷上，第 17 集，第 256～257 頁）

十四旦

十四旦，精拳棒，善超躍，雖裙下雙勾，瘦如春筍，而輕盈矯捷，無異鷹隼之擊秋旻。歌喉亦嘹亮不群。時或改而為小生，扮《賣胭脂》之郭華、《翠屏山》之石秀，輕衫窄袖，欵步上場，微動香唇，白雲頓遏。蓋不以色選而以藝傳者也。性豪邁，一言不合，輒肆睚眥。而扶人之危，濟人之急，雖罄纏頭，亦所弗惜。（卷上，第 17 集，第 257 頁）

小桂香

桂香，吳人，向隸大雅班。苗條婉變，秀色可餐。善扮《牡丹亭》之春香、《西廂記》之紅娘，憨跳酣嬉，神情逼肖。每演必與邱阿增俱，阿增半老徐娘，不失大方舉止，桂香則華年月滿，玉貌花嬌，流走如珠，分外動人憐愛。一日天仙演《難中福》一折，老生扮胡潤芝中丞，黃掛紅頂，望之儼然，帳下貔貅，戈矛如戟，桂香團扇輕衫，垂手侍立，翩翩態度，不減內史風流。巾幗鬚眉，並皆佳妙，迷離撲索，誰其猝能辨之？（卷上，第 17 集，第 257～258 頁）

小金玉

金玉與金翠、金喜同隸一籍。刻骨香桃，瘦無一把，而探喉發響，頗足裂

石穿雲。蓋京優祗以妖冶動人為勝，若子弟之來自三秦者，則選色徵聲，無不並臻其極。意者藍田、紫閣間，別有風流澤藪耶？年才十二三，豆蔻梢頭，春風未破，其演《遊園》《贈珠》《遺翠花》等劇，內家裝束，舉止幽嫻，每一發聲，宛如瑤島鶴音，一洗人間凡響。我友太癡生聽歌菊部，多所雌黃，獨心折義錦三小，謂足壓倒群英。（卷上，第 17 集，第 258 頁）

陳彩林

彩林幼為某內侍家伶。內侍為言者所彈，幾遭不測，梨園妙選，散若晨星。彩林轉徙至滬，掛名天仙茶園。善舞雙刀，脫手彈丸，熟能生巧。而其清矑一轉，流盼多情，尤足令三河少年為之顛倒。間或按象板，炙鵝笙，妙響初傳，梁塵直簌簌下，亦彼中之美材也。近雖年矢催人，芳姿漸改，而身材輕捷，猶能冠絕時流。泉唐倉山舊主，嘗題贈二絕句，刻入《海上吟》中。（卷上，第 17 集，第 259 頁）

菊部閒評（萍寄生）

老生一等三人

　　汪桂芬　如天風海濤，驚心動魄。

　　小叫天　如遊龍天矯，神化無方。

　　孫春恒　如朱弦疏越，一唱三歎。

　二等三人

　　周春奎　如干將莫邪，神鋒谹露。

　　龍長勝　如時鳥鳴春，清和朗潤。

　　穆瑞堂　如官樣文章，三平兩滿。

小生一等二人

　　周釧泉　如鄭生薅露，街東無敵。

　　小金紅　如三河少年，風流自賞。

　二等一人

　　黃月山　如季常入山，時露英氣。

淨一等二人

　　大奎官　如故侯門第，氣象自殊。

　　左月春　如風勁弓鳴，不參弱響。

丑一等二人

　　姜善珍　如東方曼倩，俳諧玩世。

　　小金豆　如海上大鳥，鳴即驚人。

老旦一等一人

　　羊長喜　如老梅壓雪，愈顯精神。

正旦一等一人

　　孫瑞堂　如太常法曲，自是正聲。

　二等二人

　　金蘭卿　如義山學杜，具體而微。

　　水上飄　如老女不嫁，自傷遲暮。

小旦一等一人

　　想九霄　如花中富貴，秀麗絕倫。

　二等一人

　　小金翠　如奇卉爭芳，別有天趣。

貼旦一等一人

　　周鳳林　如飛燕舞風，疑將仙去。

　二等一人

　　蔡桂喜　如茉莉花香，蕩人神志。

　三等一人

　　田桂鳳　如畫中美人，自可悅目。

武旦一等一人

　　陳彩林　如書生備劍，不掩文章。

　二等一人

　　黑兒　如東郊瘦馬，有意騰驤。（附錄，第 17 集，第 287～290 頁）

　　二、據臺灣《筆記小說大觀》所收四卷本《鋤經書舍零墨》輯錄。

李笠翁詩

　　笠翁以詞曲知名於時，而詩句亦往往有可採者。七絕云：「雲霧山中虎豹眠，千年松子大於拳。自從柯爛無人伐，萬丈奇杉欲上天。」疏宕之中頗露奇氣。《悼喬姬》云：「贈予宛轉情千縷，償汝零星淚一瓢。」亦頗淒惻可憐也。（卷一，第 21 編，第 4737 頁）

燈謎集唐詩

商燈之戲，肇自五代。嗣是廋詞隱語，鬥角鉤心，更覺無奇不有。近見縷馨仙史所撰謎語三十二則，詞則託之於詩，情則寄之於豔……佳句麗偷紅菡萏（崑戲名）……玉釵斜插雲鬟重（曲牌名）……覺來依舊三更月（崑戲名），醉後何妨一榻眠（《西廂》曲一句）。不為旁人羞不起（《琵琶》曲一句），……秋韆打困解羅裙（《長生殿》曲一句）……東鄰美女實名倡（戲名）……蝶醉蜂癡一簇香（《牡丹亭》曲一句）。（卷二，第 21 編，第 4749～4750 頁）

集《西廂》酒籌

《桐陰清話》及《閒情小錄》俱載集《西廂》酒籌，靈心四映，各擅勝場。閱者已歎觀止。近日奚君頌南，仿而行之，復得百餘條，生面別開，不拾一絲牙慧。錄此以佐觴政：遊藝中原（遊學者飲）。偏（側坐者飲）。行近前來百媚生（貌美者飲）。鐵硯呵磨穿（工書者飲）。香靄散空庭（吃煙者飲）。涎空咽（舉杯不飲者飲）。亂紛紛落紅滿徑（小便者飲）。雕蟲篆刻（工鐵筆者飲）。春光在眼前，奈玉人不見（娶妾出外者飲）。我悄悄相問，你便低低應（耳語者各飲一杯）。九曲風濤何處險（曾遠遊者飲）。宦遊在四方（出仕者飲）。癢癢（將婚者飲）。疑是銀河落九天（潑酒者飲）。任憑人說短論長（默坐者飲）。參過菩薩（喜誦經者飲）。穿一套縞素衣裳（素服者飲）。粉鼻倚瓊瑤（面白者飲）。眼花撩亂（擦眼者飲）。翠被春寒壓繡裀（鰥居者飲）。紅袖鸞梢玉筍長（長指甲者飲）。不解自溫存（久作客者飲）。鞾著香肩（倚坐者飲）。宜嗔宜喜春風面（微笑者飲）。粉牆兒高似青天（身矮者飲）。手抵著牙兒慢慢地想（剔牙者飲）。影兒似不離身（同伴來者飲）。有勇無慚（大力者飲）。檀口諾嗟（口吃者飲）。如嚦嚦鶯聲花外轉（妓歌一曲，客善歌者飲）。先嚇破膽（懼內者飲）。咳嗽一聲（咳嗽者飲）。光油油耀花人眼睛（新剃頭者飲）。這人一事精，百事精（多技藝者飲）。筆尖兒橫掃五千人（能文者飲）。常要躭擱了人性命（醫生飲）。鳳簫象板，錦瑟鸞笙（善絲竹者飲）。真是積世老婆婆（老而無須者飲）。星眼朦朧（有倦態者飲）。如何妾脫空（未飲者飲）。翠袖殷勤捧玉鍾（持杯者飲）。昏鄧鄧黑海來深（面黑者飲）。不甚醉顏酡（有酒意者飲）。滿面兒堆著俏（麻面者飲）。其實咽不下玉液金波（不善飲者飲）。夫人行料難離側（後至者飲）。端的太平車，敢有十餘載（體胖者飲）。柳腰兒恰一搦（身瘦者飲）。休將蘭麝薰（不吃煙者飲）。打扮得嬌嬌滴滴的媚（著新衣者飲）。衰草淒迷（微須者飲）。也有些土氣

息（有煙癮者飲）。如今又也（方飲者復飲）。左右亂踅（有足疾者飲）。嗤（噴嚏者飲）。羞答答不肯把頭抬（低頭者飲）。哈，怎不回過臉兒來（面向外者飲）。蘸著些兒麻上來（微麻者飲）。又驚又愛（善飲者一大杯）。審視明白（短視者飲）。冰輪乍湧（戴眼鏡者飲）。夫人近來恩做仇（新娶妾者飲）。將沒作有（面前無酒者飲）。料應他小腳兒難行（遲到者飲）。我一地胡拿（隨意敬客）。夫人命（中年不留須者飲）。好教我左右做人難（敬左右並坐者各一杯）。對別人花言巧語，背地裏淚眼愁眉（諱言懼內者飲）。怕夫人行破綻（有外好者飲）。難道是燕侶鶯儔（同伴來者飲）。既然洩漏怎干休（淺氣者飲）。你原來苗而不秀（無須者飲）。酸黃虀（秀才飲）。把五千人做一頓饅頭餡（善飯者飲）。頌南博學好古，工丹青，善篆刻。觀此亦足見其用心之專矣！（卷二，第 21 編，第 4759～4760 頁）

旦白

鶴沙有某姓者，幼嘗自鬻為人奴。後以居積致巨富，大營輪煥，思借名人筆墨以為重。會同里吳稷堂先生（省蘭）休致歸家。因以金幣匃書齋匾。先生盛情難卻，而意頗不屑，乃戲書「旦白室」三字與之。客見之，以出處問。先生笑曰：「子不見黎園腳本耶？凡旦白之下，果是何稱呼乎？」其人頓悟，乃大笑而去。此與郭友松孝廉事，可謂同一詼諧入妙者矣。（卷二，第 21 編，第 4764 頁）

山人

明季最重山人，往往艸野布衣，挾其一技一書，便可與王公抗衡。秋雨庵所述無論矣。即陳眉公，一代大儒，間亦不免此病。嘗見蔣苕生太史《臨川夢》傳奇，醜詆眉公，不遺餘力。其上場詩曰：「妝點山林大架子，附庸風雅小名家。終南快捷無心走，處士虛聲盡力誇。獺祭詩書充著作，蠅營鍾鼎潤煙霞。翩然一隻雲間鶴，飛去飛來宰相衙。」雖曰筆端刻薄，然當時習尚，不如是耶？或有謂其嘲隨園太史者，則我不得而知矣。（卷三，第 21 編，第 4767～4768 頁）

李香君小像

嘗見李香君小像一幀，顏曰「南朝剩粉」，並題詩二律云：「長板橋邊第幾樓，溪聲淮水盡西流。將軍白馬沈瓜步，義士黃冠哭石頭。當日寡人能好色，

衹今天子慣無愁。中原三百年陵寢，只下孱王一酒籌。」「彩雲仙隊化為塵，一曲清歌一美人。《燕子》演成亡國恨，《桃花》唱盡過江春。中興戰鼓留名士，南部煙花葬主臣。終古繁華舊明月，照誰哀怨向誰論。」不知何人所作，愛其議論特佳，錄之。（卷三，第 21 編，第 4785 頁）

陳夔龍

　　陳夔龍（1857～1948），字筱石，號庸庵、花近樓主等，貴州貴築（今貴陽市）人，原籍江西崇仁。清光緒丙戌（十二年，1886）進士，歷官順天府尹、河南布政使、河南巡撫、江蘇巡撫、四川總督、直隸總督。宣統元年（1909）調任直隸總督北洋大臣。張勳復辟時，任弼德院顧問大臣，曾反對廢除科舉。1912 年致仕，退隱上海。歿後，葬於杭州。著有《松壽堂詩鈔》等。（《道咸同光四朝詩史》甲集卷五；王榮華主編：《上海大辭典》下冊，上海辭書出版社 2007 年版，第 1820 頁）

　　茲據臺灣《筆記小說大觀》所收二卷本《夢蕉亭雜記》輯錄。

河神嗜聽戲*

　　余於光緒癸卯秋，抵豫撫任。省中有大王廟四，曰：金龍四大王廟、黃大王廟、朱大王廟、栗大王廟。將軍廟一，群祀楊四將軍以次各河神。巡撫蒞新，例應虔誠入廟行禮。越日，黃大王到，河員迎入殿座。余初次瞻視，法身長三寸許，徧體著淺金色；酷嗜聽戲，尤愛本地高腔，歷三日始去。後巡視南北各要工，金龍四大王、朱大王均到。朱與黃法身相似，金龍四大王，長不及三寸，龍首蛇身，體著黃金色，精光四溢，不可逼視。適在工次，即傳班演戲酬神。在工各員僉謂，金龍四大王不到工次已二年餘；此次出見，均各敬異。（卷二，第 8 編，第 5839～5840 頁）

萬壽節演戲*

　　我朝恭遇萬壽，王公大臣入坐聽戲，載於會典，誠重之也。余以外吏兩

次入京陛見，均值慶辰，恭逢巨典，耳聆仙樂，不可謂非榮幸。癸卯六月，以汴撫入京，適值德宗景皇帝萬壽。在頤和園隨班行朝賀禮。先期傳令入坐聽戲。上駐蹕頤和園，即於園中德和園排演。臺凡三層樓，北向，規制崇閎。兩宮正殿坐，南向。東西各楹，諸王公大臣以次坐。凡近支王、貝勒、貝子、公、滿漢一品大臣，暨內廷行走者均預；在外將軍、督撫、提鎮適在京者亦預。其京中一品之各旗都統，及二品滿漢侍郎，均不得列入。……內監承旨，命張大幕二，一由北而東，一由北而西，名曰隔坐。三面各不相見。僅見者，臺上歌舞耳。……維時正演《吳越春秋》范蠡獻西施故事。當范蠡造太宰嚭府第時，投刺二次，司閽不之理；嗣用門敬二千金，閽者即為轉達。閱至此，文襄（張之洞）忽失聲狂笑曰：「太惡作劇，直是今日京師現形記耳！」聲振殿角，余亟以他語與周旋，免再發言，致徹天聽。……翼日，亦如之。（皇上萬壽戲二日。）又四年丁未，升任川督，十月到京，恭遇慈聖萬壽。先期賞紫禁城騎馬，賞西苑門內騎馬，賞坐船隻賜墊，並賞初九、初十、十一三日聽戲。（慈聖萬壽戲三日。）時交冬令，即在西苑舉行慶典。於豐澤園左另製戲坐，廣設帷幕，規制較灣園為狹，以其可禦嚴寒也。適余與馬提督玉昆、姜提督桂題、夏提督辛酉，同在西末間。南皮與項城，甫直軍機，二君均不喜觀戲，輒至西間外房，命蘇拉約余出外閒談，詢庚子拳亂事。猶憶臺上正演《長生殿》傳奇，簾幄之外雪花紛披，想見瓊樓玉宇高寒景象。曾有詩云：「長生一曲愴心神，凝碧池頭百戲陳。樂府舊人誰尚在？不堪回首說庚辛。」「煙波一舸任遊行，三海風光畫不成。為報來年豐已兆，雪花飛上御簾旌。」蓋紀實也。（卷二，第 8 編，第 5898～5903 頁）

〔美〕凱瑟琳·卡爾

凱瑟琳·卡爾（1858～1938），美國女畫師，曾於清光緒三十年（1904）
為慈禧寫真。目睹清宮景物人事，著為文。

兹據臺灣《筆記小說大觀》所收《清宮見聞雜記》輯錄。

清宮演劇處*

後至一較大之廳，即菊部演劇處矣。全廳作長方形，戲臺突出於中間，
三面臨空。臺後則通有二門，以為角色之入口、出口處。全臺建築，極為華
麗，畫棟雕樑，非尋常人家所有。戲臺之前，滿置栽有鮮花之花盆以及紫銅
之古器多種。再前有亭翼然於其上者，即為太后之御座。全亭約長六十英尺
或八十英尺，其廊柱則以極精細之白石為之，建築之華美，有過於戲臺遠甚。
亭之後部，置有大玻璃一方，閃爍生光，尤饒景致。顧曲於此，真最占形勝
也。御閣之後，有廂房散座，適與御座為直角形，則預備為大員及公主等恩
賞聽戲之用，惟不設座位，以太后在，無人可以就座，只可如土耳其人之團
坐地上而已。是日來賓，除予與康格夫人外，並無他人，故此番太后之召集
菊部，似專為余輩。其待我輩一片之誠意，真不可沒也。太后自坐於御閣之
中，其寶座以黃緞遮之，上繡團龍無數。皇上則坐於太后左首之一黃色椅子
上。予與康格夫人則在其右，而嬪妃及公主人等，則團余輩而立。予與康格
夫人連觀二三齣，但見臺上人手舞足蹈，迄不知其用意所在，然一切臺容服
裝，頗以引起余二人之好奇心，故亦不覺倦怠。既而康格夫人起立，向皇太
后暨嬪妃人等告辭作別，予亦即隨康格夫人出戲廳。（予之覲見及在宮之第一
日）（第 10 編，第 3632 頁）

萬壽節演劇*

皇帝萬壽典禮，為宮中之一大禮節。先期預備一切，然後於皇帝真生日之二日前，舉行之。……宮中戲臺上，滿綴各種鮮豔之燈綵，照映四座。其內廷供奉，則練習新排之腳本，日夜無倦。宮監蹀躞往來於太后之前，以各種陳設及點綴之事情請訓。而排戲者則又時時以底稿進呈太后。太后親自裁正之。總之，是時凡百諸事，無不待命於太后。太后一一為之摒擋，未嘗以事之瑣屑而厭之。

是日菊部開演之時，太后坐戲樓中，仔細推敲，終日無倦容。其見有應當改正之處，則即刻飭太監，傳知後臺。一經改正，則自覺立添生色不少。太后顧曲，可謂得是中之三昧矣。是日，太后遍請宮中諸貴婦與宴，而太后則獨自在戲樓上用膳。一切禮節，備極繁重。

洎酒闌席罷，菊部亦遂停鑼輟演，賓客漸次散去。予於是趨至戲臺近旁，細觀其結構與裝折，可一小時。今請詳述於下，用餉讀者。戲臺高出地面可十二英呎，與太后御座之樓相平，全座建築共分三層，其上再有閣樓一層，則專為布景之用。臺三面臨空，與希臘式之戲臺相同，其伶人則由後面之左門入而右門出，往返輪值，至無一定。當予仔細觀察之時，太后尚留座戲樓上，未曾退休。見予徘徊臺下，即降自戲臺，至予駐足處，與我相周旋，曰：「女士有興登臺，一觀其內容否乎？其中結構之佳，中國無二，幸毋交臂失之。」予稱謝立允其請。太后乃在前拾級而登，予在後隨之。

戲臺之面積，可佔地二十五英方尺，三面臨空，突出於戲廳之中。其背面則有畫屏為界，通以二門，為伶人之入口、出口處。中國菊部純為男班，其戲中之女人物，則亦由男伶喬裝之，聲音笑貌，無一不類女人。予初以為果女人也，後有人告我，謂全係男伶，並無女伶雜糅於其間。予因歎中國優伶化裝之工也。臺後坐樂人多輩，則專在此奏樂。太后因又趨至內幕內，予亦隨之進。見種種之戲具，五花八門，皆不可以名狀，又多至不可勝數。中國尋常劇場，僅有舞臺一座，而獨太后宮內之劇場，則共有舞臺三，其二則隱於內幕之內。其第二舞臺則高於第一舞臺，第三舞臺則高於第二舞臺。平常戲劇，則僅在第一舞臺演之，至演燈彩戲，則揭去內幕，而三臺並用，所以示軒輊而壯觀瞻。太后一一導我往觀，拾級而登，狀極從容。其鞋底雖高，足有六英寸，而並無遲滯重難行之貌，殊覺其精力之不可及。（大內節宴）（第10編，第3661～3665頁）

光緒聽戲興致不如太后*

每逢大禮節，太后宮舉行宴會、演劇等事，則帝亦必隨太后與俱；又往往與太后同餐，聽戲時則坐於太后之旁。而帝聽戲之興味，雅不如太后之高，故常於中間退往戲廳後之休憩室中，讀書吸煙，以自消遣。帝在太后面前，則例不得讀書或吸煙。（光緒皇帝）（第 10 編，第 3669 頁）

大內聽戲*

萬壽日……行禮既訖，太后、皇帝、皇后三人同時退出朝堂，往戲廳觀劇。……是日皇族諸貴人之進宮慶祝萬壽者，多蒙賜聽大內之戲。其聽戲之處，即在與御座成直角形之兩旁包廂內。其與御座可以望見之處，則隔以重簾，俾勿得通。至臺上所演之劇，則舉能一目了然，無虞隔閡。皇太后及帝、后二人既升御座，臺上之著名腳色即趨出叩頭，道賀謝恩。於是第一齣之戲開幕，臺上先奏樂移時，音聲諠天，令人頭腦欲裂。旋即有伶人數輩，出場作戲，其所用之唱片，多含有恭祝皇太后、皇帝萬歲之意；其所穿之衣服，為元季忽必烈時代式樣，何所取意，迄不能知之也。祝壽之戲既畢，喧天音樂又復聒耳不已，如是者可片刻，於是第二齣之戲開幕。中國戲劇，短者為多。每齣約占時半句鍾或一句鍾不等，而是日則獨演最長之劇，始終貫串，一無支離之病。洎至十一句鍾半，宮監等即以各種糖色及水菓，進呈於兩宮公主及諸賓客之前。……糖菓之啖食既已，遂進午餐，即在戲廳中行之。……於是公主輩亦歸原座聽戲。至臺上演劇，則始終未停。特吾人有前此酬酢之時，殊為忙碌，未暇一為注意耳。

洎至下午四時，戲之最熱鬧一幕開演。前後三舞臺同時開幕，上排伶人無算。一切服裝，希奇古怪，無所不有。又唱祝壽之曲。移時歌闋，隨以燈會之戲。每燈各具一形，人物鳥獸，靡不畢具，殿以巨龍一條，作取珠狀，蜿蜒飛舞，狀態畢肖。中又雜以扮戲之伶人數輩，又樂隊幾組，五花八門，極形熱鬧。巨龍盤旋幾周後，止於戲臺之中，長嘯一聲，口吐清泉一道，浪花四濺，遍及於戲廳之周圍，殊為大觀。聞一切設備之法，皆出自慈禧后之一人之心裁云。

菊部奏藝既畢，……王公大人既退，伶人亦前來叩頭謝恩，然兩宮並不報之以禮。（皇帝萬壽）（第 10 編，第 3674～3677 頁）

三海宮之戲臺*

有太監之領袖一人，則隨余舟俱。該太監領袖為宮中六大太監之一，在頤和園時，太后即命以侍我，且司照顧畫片之役者。為人絕靈敏，胸中頗有學問，平生喜收羅古器、古書畫等物，以寄逸趣；風雅倜儻，不同於一般宮監。渠幼時即充太后菊部之藝員，雅善度曲。每一歌之，輒令人心醉無已。記憶力又絕強，凡於古名家詩篇，能滔滔背誦，無差一字，發音清脆可聽，故於背誦時，能將文章之抑揚頓挫，曲為傳出。

……未幾，白雲四合，沛然雨矣。余輩遂乘轎徑歸太后之宮，未再登舟往別處遊覽。既抵宮，即用午膳。餐已，往觀三海宮中之戲臺二座。此二座戲臺，形狀相仿，不過有大小之別。蓋一則為冬日所用，一則為夏時所用。其夏時所用之戲臺，築於一湖心中，謂此可以助音聲之清亮云。與慈禧太后坐湖心亭中，周旋移時，隨即起身與太后、皇后及諸貴婦告別。（三海宮殿）
（第 10 編，第 3683，3686 頁）

太后善編劇本*

太后喜顧曲，既如上章所述，而太后尤善編劇本，此則人所未知者。太后曾自出心裁，編出新劇本多種，情節離奇，唱片高雅可喜，較之俗本，大有霄壤之判。予在宮時，曾見其手訂劇本，一一再推敲，煞費苦心。當演奏之際，太后凝神以觀，極為注意。見有可改動處，則立刻飭宮監往後臺，傳旨矯正之。矯正而後，頓覺生色不少。此可見太后之多才多藝，無一不出人頭地。中國劇本極短，而以喜劇為多；每當詼諧處，太后亦未嘗不胡盧大笑也。蓋太后雖為一尊嚴可畏之人，亦為一詼諧談笑之人也。（慈禧太后之才調）
（第 10 編，第 3710～3711 頁）

中秋演劇*

中國之中秋節，在陰曆之八月十五夜舉行。斯時桂子香飄，月明如畫，誠絕好行樂之時也。宮中是日必有菊部稱觴，其所演之劇，則為一月中仙子之故事。今請略述其事如下：昔有一皇帝，遇一仙子，兩心觃觃，極為纏綿；將離之候，予以仙草一株，曰：「姑噉此，可圖長生也。」仙子既去，皇帝忽為他事所擾，置仙草於寶座上，竟忘之矣。後為一侍女所見，取而噉之。洎帝發覺，則事已無及。帝遂命太監剖腹取出之，事未及就而侍女已生有兩翼，冉冉飛昇空中，止於月球，長生至今焉。其玉兔一頭，則為侍女昇天時隨帶於懷中者，

今亦在月球中，同享長生之福云。是幕既終，又復殿以燈彩戲一出，光怪陸離，見所未見。全臺布成一湖形，有無數蓮花燈星羅其間。臺之上部，映出一種異彩，作明月之光。花叢中坐一色相莊嚴之大佛，真如在仙界不啻。

是夕諸貴婦亦即張宴於戲廳。劇未終幕，太后即起駕出。諸貴婦亦不得不隨之俱出。（宮中之中秋令節）（第 10 編，第 3724～3725 頁）

劇中惡人多黃髮*

中國女子，以髮轉黃色為忌。而予固滿頭黃髮也。然彼輩亦從未為予言之。特予見劇中人物，其兇惡之人，往往飾以黃色之髮，其髮愈黃，則其人愈惡。予因熟諗之。（頤和園中之園遊會）（第 10 編，第 3733 頁）

諸仁安

諸仁安，字乙青，浙江海寧（今屬嘉興市）人。附貢生。清咸豐十年（1860）庚申之變後，移家於遼寧營口，四載而歸。

茲據臺灣《筆記小說大觀》所收一卷本《營口雜記》輯錄。

戲館*

（營口以北）亦有酒館，夏日每宴客，菜儲南北之品，侑以大戲或戲法。垂髫者歌且舞，皆北音，略知崑曲。（第 14 編，第 5940 頁）

程　麟

程麟（1862？～？），字趾祥，號臥盧生，清光緒間筍溪人。弱冠不矜名
利，成《此中人語》一書。

茲據臺灣《筆記小說大觀》所收六卷本《此中人語》輯錄。

馬戲

靈禽異獸，自古皆有。追而溯之，不可枚舉。即目下有教犬乞錢者，有
以猴作戲者，然非人教之使然，亦斷斷不能。近來滬上有西人搬演馬戲。馬
戲中又雜以虎戲，可謂天下之絕技矣。然養虎傷身，古人所戒。《詩》云：「將
叔無狃，戒其傷女。」倘以其可玩也而狎之，我恐一旦不虞，則禍起蕭牆，
變生腋肘矣。可不懼哉，可不懼哉！（卷五，第 1 編，第 4683～4684 頁）

曉　嵐

曉嵐，清同治間在世，生平不詳。

茲據新文豐版《叢書集成續編》所收一卷本《白門新柳補記》輯錄。

綠菱

綠菱，廣陵人。年十三，身材瘦怯，性格溫存，弱齡而有大人家數。演崑曲，能合拍。（第 212 冊，第 220 頁）

惲毓鼎

惲毓鼎（1863～1918），字薇孫，號澄齋，原籍江蘇陽湖，世居大興（今屬北京市）。清光緒己丑（十五年，1889）進士，授編修，光緒庚子（二十六年，1900）任翰林院侍講學士。工詩善文，能書，兼精醫術。（李靈年、楊忠主編：《清人別集總目》中卷，安徽教育出版社 2000 年版，第 1664 頁）

茲據《續修四庫全書》所收一卷本《崇陵傳信錄》輯錄。

孝欽嗜戲*

上（光緒）天表靜穆，廣額豐下，於法當壽。穎悟好學，有以聖學叩翁師傅者，則以魯鈍對，蓋知太后忌之，不敢質言也。上素儉，衣皆經澣濯縫紉，聲色狗馬之好泊如也。孝欽（慈禧）嗜梨園曲，上不能不預。或傳上善撾鼓，事亦無徵。（第 446 冊，第 419 頁）

戴蓮芬

戴蓮芬，字薌農，號霽峰（一字玉峰，見 1875 年刻《（光緒）通州直隸州志》），通州（今江蘇南通）人。清同治六年（1867），中秀才；九年（1870），鄉試中舉。曾五上京師，途中陸續作《鸝砭軒質言》。

茲據臺灣《筆記小說大觀》所收四卷本《鸝砭軒質言》輯錄。

姻緣有定

予屢遭家難，年弱冠，尚學，太原公木蘭寺寄食。同學孫生為執柯，將聘於里中袁氏。袁翁試所學，決為必售，允焉。歸而疾大作，易簀時，囑妻如約，目乃瞑。鄰翁王，嘗為子求婚於翁，弗許，銜之。聞翁死，經理其喪，數短予於媼。媼意移，徑許王，將聘於六月之吉。女聞，憤不食；媼解勸，終不懌，歎曰：「戴固貧，父命也，且有發時。王特牧豎耳，乘人之喪，而因以行譖。兒豈奸徒能賣者乎？死歸之耳。」會翁百日，王攜子往奠，聞幃中嘤嘤泣，有刺語，漸且詈，聲愈厲。王父子忿然遁，婚事遂中止。明日，媼復遣孫說予。予感女，將議成。媼終惑某無賴言，劫女歸其大賈去。予為惋惜屢日，作《再誤緣》傳奇以志恨。（卷三，第 2 編，第 1856 頁）

蘋 梗

蘋梗，晚清時江蘇丹徒（今屬鎮江市）人，生平俟考。

茲據 1928 年掃葉山房印行《清人說薈》初集所收二卷本《秦淮感舊集》輯錄。

戲園*

（秦淮）戲園則有大東橋之升平、府東街之慶升，歌舞樓臺，金樽檀板，洵足樂也。（卷上，第 344 頁）

文少如*

文少如，某方伯公子也。性豪縱，貌又甚都，曾與某觀察共眤使女小才子。小才厚公子而薄某觀察，因釁開戰直至藩署。事為新寧尚書所聞，其事始寢。嗣某方伯被議罷官，公子不能謀生計，來金陵演劇，效女兒妝，大官厚贈之而去。（卷上，第 350 頁）

陸蘅芳*

孌童狎客，京華最勝。金陵久無此風，有之則始於陸蘅芳。蘅芳曾赴新加坡演氂兒戲，名噪一時。其弟小龍長勝，亦名優也。（卷上，第 359 頁）

茅北山*

茅北山，丹徒人，善崑曲，尤精古樂器。居無定處，不在深山古剎，即曲巷勾欄中也。家貧常斷炊，雖其子亦不知其處。有時欲向阿父求食，北山

對之高歌。其子竟不能進一辭。年七十，來遊金陵。浭陽尚書引為上客，設音樂傳習所於朝天宮，以保存國樂自任。然猶日在曲中教十七八女郎唱楊柳岸、曉風殘月也。夏劍丞觀察贈北山詩，有「堪羨絳帷諸弟子，酡顏玉面出燈前」之句。然北山每遇俗吏傖父，則又嘻笑怒罵以為常，殆柳敬亭、蘇崑生一流人物。嗣有人控諸學署，謂北山背乎禮法，大江南北，女弟子不下千餘人。遂鬱鬱以去，歸著《樂說》一卷，於樂理多所發明。予擬為刊行，以存絕學。（卷上，第 360～361 頁）

李吟伯題《桃花扇》*

《板橋雜記》《桃花扇》院本，皆有一代興亡之感，不僅寫美人名士也。吾邑李吟伯明經《題〈桃花扇〉院本》云：「豔說清溪水一鈎，媚香樓勝顧迷樓。諸君也自耽聲色，爭怪官家不解愁。」「玉樹凋殘璧月涼，湖山依樣送降王。南朝亡國都風雅，詩酒乾坤粉黛場。」「一夕金城鐵鎖開，過江青蓋最堪哀。桃花扇子梅花冢，都是情天血性來。」（卷下，第 364 頁）

任孝和題《桃花扇》*

蕭山任孝和《題〈桃花扇〉傳記》云：「餘春已被燕銜殘，流徵商音剩獨彈。重唱後庭花一曲，內人爭識孔都官。」「屏山九曲華燈照，午夜淒涼子夜歌。送別秦淮水嗚咽，短衣匹馬獨投戈。」「曲子新聲譜石巢，紅牙拍板紫檀槽。白門橋上絲絲柳，一別無情送六朝。」「中使傳宣選教坊，鈿車香滿入昭陽。從教拋卻巫山夢，檢點黃絁入道裝。」「夜半飛沈大將星，冰霜三尺拂青萍。江聲流恨靈旗黯，長古忠魂傍孝陵。」「烏絲欄字寫冰紈，細譜宮商叶管絃。腸斷一聲河滿子，江南頭白李龜年。」「哀歌搔首望茫茫，落日青山坐話長。濁酒何能澆壘塊，兩行老淚哭興亡。」「秣陵秋色仍如昨，憔悴蘭成感鬢華。剩水殘山無限恨，一齊收拾付琵琶。」（卷下，第 372～373 頁）

羅惇曧

羅惇曧（1880～1924），字孝遹，號挼東、賓退、癭庵，晚號癭公，廣東順德（今屬佛山市）人。康有為弟子，清光緒二十九年（1903）副貢。民國時，任北京總統府秘書、參議、禮制館編纂等職。袁世凱稱帝後，退出政界。後結識程硯秋等，為其編創劇本。（錢仲聯等：《中國文學大辭典（修訂本）》下冊，上海辭書出版社 2000 年版，第 1396 頁）

茲據臺灣《筆記小說大觀》所收一卷本《拳變餘聞》輯錄。

戲劇誤國*

義和拳稱神拳，……其所依據，則《西遊記》《封神榜》《三國演義》《綠牡丹》《七俠五義》諸小說，北中所常演之劇也。

自乾隆時，高宗恆以小故殺人，詩詞戲劇，皆足殺身。供奉者乃雜取《封神傳》《西遊記》諸小說，點綴神權，以求絢爛而免禍也。浸淫百年，蒸為民俗。愚民受戲劇之教育，馴至庚子，乃釀巨變，豈得曰非人為哉？

大阿哥（溥儁）頑劣無狀，在西安日攜數內監至劇院。其父戍邊，亦無戚容。旋斥退出宮，回鑾後閒居京師。

京師以兩宮器服至。鹿傳霖授尚書，入樞府，彌執拗用事。榮祿旋至西安，與王文韶仍筦樞要。內侍兵衛，日擾民間，秦民苦之。大修戲園，諸臣娛樂如太平時。帝見貢物至，必垂涕。（第 10 編，第 6456、6458、6473、6484 頁）

盧秉鈞

盧秉鈞，字輔臣，四川屏山（今屬宜賓市）人。增貢生，清光緒元年（1875）以孝廉方正舉署樂山、達縣訓導。（王曉波主編：《清代蜀人著述總目》，四川大學出版社 2009 年版，第 416 頁）

茲據清光緒十八年刊二十八卷本《紅杏山房聞見隨筆》輯錄。

《西廂記》張生考*

致知之學不可不知，如《西廂》一書，唐宋至今聚訟紛紛。有謂實有其人，有謂子虛偽託，難以枚舉。《堯山草堂》載，《西廂》係王實甫纂，關漢卿續成之，並未詳張生謂何許人。而《侯鯖錄》載王姓〔性〕之《傳奇辨正》謂，蘇翰林贈張子野詩有「詩人老去鶯鶯在」，遂謂張生為張籍也。以余考元微之《鶯鶯傳》事，在貞元十六年春，因咸寧王減渾薨於蒲，丁文雅不善御眾，三軍作亂於蒲。又言明年，生文戰不利，乃在十七年。又考《唐登科記》，張籍以貞元十五年登第，既先二年，決非張籍明矣。又，莊季裕云：楊阜公家藏有微之作《姨母鄭氏墓誌》云，既喪夫，遭軍亂，微之為保護其家室備至。則傳奇所謂，蓋微之自敘，特假他人以自避耳。按：樂天作《微之墓誌》，以太和五年薨，年五十三。則當在大曆十四年己未生，至貞元庚辰十六年，恰二十二歲，與傳奇所言生年二十二未近女色相合。又，退之作微之妻《韋叢墓誌》作婿韋氏，微之始選為校書郎，與傳奇謂歲餘，生亦有娶相合。又，微之作《陸氏姊墓誌》：余外祖父睦州刺史鄭氏名濟。又，樂天作微之母《鄭夫人志》亦言，夫人，鄭濟女。又考《崔氏姓譜》，永寧尉崔鵬亦娶鄭濟女，是鶯鶯為崔鵬之女，於微之為中表，正傳奇所謂鄭氏為異

派之從母者也。合觀諸志，張生乃微之寓言，不然為人敘事，安能奏曲周詳如此。蓋昔人事有悖乎禮、乖於義者，往往託之鬼神夢寐之間，或假他人名姓而為之。余想微之當情濃意熱之際，形諸翰墨，不便明言，特易其姓氏，自是才子故態耳。非特此而已，細閱微之古豔詩百餘篇中，有《春詞》二首，皆隱鶯字於其間；又有《鶯鶯詩》《雜憶詩》，與傳奇所載猶一家手筆也。詩中多言雙文，意謂二鶯字為雙文也。傳中，前所敘其所遇，後敘其所離，又敘娶韋氏之年。以年譜考之，明明的係微之自道其生平，又何必嫁名於人哉！

（卷之六，第 10〜11 頁）

《洛神賦》考*

又傳，書載陳思王《洛神賦》，乃思甄后而作也。余考之信然。按，《洛神賦》李善、五臣注云：曹植有所感託而賦焉。則當時已傳有甄后之事也。至賦中云：「怨盛年之莫當。抗羅袂以掩涕兮，淚流襟之浪浪。」李善注：盛年，謂少壯之時不能當君王之意。此言感甄后之情，明白顯然，所以李商隱詩「君王不得為天子，半為當年賦洛神」是也。《世說》載，甄后慧而有色，傾國傾城，初為袁熙妻，甚獲寵。方曹公之屠鄴也，急召甄。左右對曰：「五官中郎將早已將去矣。」曹公歎曰：「今之破賊，正為此奴。」由是觀之，魏文不獨兄弟之嫌，而父子之爭，亦可醜也。此與《西廂》皆託名，故附錄之。

（卷之六，第 11〜12 頁）

陶穀贈曲*

李穀〔穀〕與韓熙載少同硯席，分別相約於河梁，曰：「各以才命遇其主。」廣順中，李仕周，為中書侍郎平章事。韓仕江南，為殿學士承旨。二人音問不絕。韓戲貽李書曰：「江南果相我，必長驅以定中原。」李答韓書曰：「中原苟相我，下江南如探囊中物耳。」李使〔後〕果拜相，親征江南，奈韓已死。先是，周遣李〔陶〕使江南以視虛實。穀〔穀〕貽書於韓曰：「我之名從五柳公而取，驕且傲，宜善待之。」及至，果爾，容色凜然，崖岸高峻，宴間未嘗啟齒。韓謂所親曰：「吾輩綿歷久矣，豈煩至是耶？吾觀秀實（穀〔穀〕字）非端人也，其守可墮。」陰遣歌人秦若蘭詐為驛卒女以中之，弊衣竹釵，且夕擁帚灑掃。若蘭容止，宮掖殆無。穀〔穀〕乘隙因詢之，蘭云：「不幸夫亡無歸，託身父母，即守驛翁嫗也。」穀〔穀〕遂情動，失慎獨之戒。將行，制一曲以贈之。不數日，李主宴穀〔穀〕於澄心堂。李主命

玻璃巨觥滿斟以進，穀〔穀〕毅然不動，威亦不少霽。乃出蘭於席，歌所贈曲以侑觴。不敢不飲。覆命蘭連灌數觥，幾類漏卮，大為李主所薄。出疆之日，只命小吏及若蘭薄餞於郊。歸朝後，其曲已遍傳於汴京。李穀〔陶穀〕聲名威望由此大損。[1]（卷之十，第9～10頁）

　　編者案：〔1〕凡文中之「穀」，皆應作「穀」。出使江南者，一般作陶穀。參看〔宋〕釋文瑩《玉壺清話》卷四。

王十朋事略*

　　臥冰得魚，此王太保通神之孝也。余閱《甌江逸史》載：王梅溪之大父病篤時，思得鯽魚食。正值盛暑，魚不易致。梅溪之父虔禱於井，釣得巨鱗以進，大父食之，病遂愈。是時梅溪年十一歲，親見其事。

　　王十朋，字龜齡，（號）梅溪，樂清人。傳奇《荊釵記》毀之太甚。余閱梅溪狀元及第時，以書報其弟夢齡、昌齡曰：「今日臚唱，蒙恩賜進士及第。惜二親不見，痛不可言。嫂及聞詩、聞禮，可以此示知。」詩、禮，其二子也。此數語者，上念二親，不以科名為喜；特報二弟，不以妻子為先，其孝友之忱，溢於言外。為御史，首彈丞相史浩八罪，乞專用張浚。上為出浩帥紹興。復上疏言：舜去四凶，未嘗使之為十二牧。其忠鯁塞諤如此。史遂含恨切齒，因令門客等作《荊釵記》以誣衊之。至玉蓮，乃梅溪女；孫汝權，乃梅溪同榜進士也。當其劾史浩時，人謂孫慫惥之，故史客妄造誣言，大肆詆謗，以顛倒其是非耳。又一說，玉蓮本錢氏娼家女，初與梅溪交最密。梅溪大魁後，不復一顧。錢氏憤極，投江而死。二說不同如此。總之，傳奇中每每假託附會甚，多半是烏有子虛之事。余表出之，以明梅溪忠值得謗之由。（卷十一，第6～7頁）

蘇幕遮*

　　高昌國婦女戴油帽，名曰「蘇幕遮」。詩話中常引用之，其名甚新。（卷二十，第8頁）

雷峰塔*

　　傳奇載雷峰塔，事頗荒誕。余考《臨安通志》諸書，雷峰塔建於五代時，因塔下舊有雷峰寺以名之，非雷所封精怪於塔內也。明嘉靖時，倭人入寇，疑塔中有伏兵，縱火焚之，頂與簷級皆毀，赤立童然，反成異致。俗傳湖中有青

魚、白蛇為妖，建塔鎮之。大士囑曰：「塔倒湖干，方許出世。」崇禎辛巳歲大旱，湖水乾枯。塔中無故煙焰薰天，居民大恐，自相驚曰：「白蛇出矣！」俄得大雨，湖水重波，塔煙頓息，人心始安。（卷二十一，第 9 頁）

徐賡陛

徐賡陛，字次舟，浙江烏程（今湖州市）人。清光緒間官廣東通判，歷任遂溪、海康、陸豐、南海知縣。先後入兩廣總督張之洞、山東巡撫張曜、大學士李鴻章幕。官至江蘇道員。（柯愈春：《清人詩文集總目提要》，北京古籍出版社2001年版，第1768頁）

茲據《清代詩文集彙編》所收十二卷本《不慊齋漫存》輯錄。

禁點官清民樂燈籠示

為剴切曉諭事：照得本縣昨日行香出署，見頭門外兩旁居民鋪戶懸掛「官清民樂」燈籠，在吾民豫順之情，殊堪嘉許。惟是本縣蒞任才兩月耳，初無實政及民，無其實而有其名；人以為榮，本縣以為辱。況「清」之一字，非循吏所屑言；「樂」之一言，非僥倖所可襲。吾民未解此意，願與爾明白言之。蓋清者，非僅操守謹嚴之謂也，要使四境之內，無一莠民；百事紛乘，無一鬼蜮。今者，寇盜充斥未能獲而殲除，則莠民未清矣；詞訟橫投未能畏而無訟，則鬼蜮未清矣。凡吾民一事未安，即吾職一日未盡，又何清之足云？至樂也者，必使士盡絃歌，民無凍餒，而且父子慈孝，兄弟友恭，夫婦和順，朋友信義，耕者讓畔，行者讓路，各安耕鑿，為盛世良民，如是乃足云樂。今者入春以來，雨水過多，近雖稍止，而陰霾未退。本縣方省心克己，思免厥愆，歲之豐凶尚不可必，則樂尤不足言矣。為此，剴切曉諭吾民，務當遵此告誡，各盡慈孝愛敬之良，行無詐虞，身無鬥狠，尤在務本而習勤。起必黎明，息必入宴，地無不墾，業無拋荒，一切迎神賽會、演劇、賭博之無益有損者，悉痛革之。（卷二，第19頁）

黃軒祖

黃軒祖，生平不詳，自署雲橋人。

茲據臺灣《筆記小說大觀》所收一卷本《遊梁瑣記》輯錄。

三麻子

　　河南有三麻子，如于大麻、胡二麻、周三麻之類。集三麻於一身，以一人兼三麻，忠猾不同，取捨各異，乃汴中官場之三麻，非如內廷劇場之名伶。……先是有周三麻者，名應麟，字之福，以知縣分發河南。居官亢爽，嚴厲自持。時鹿定興撫汴，赴僚屬之宴於江蘇會館，呼伶演劇。酒半酣，周忽至。眾舉觴讓坐。不答，亟呼僕至，取棍攘臂，躍登舞臺，向人亂擊。時臺上正演《牧童樂》一齣，笙歌婉轉之際，花旦牡丹紅突被周一腳踢倒，棍如雨點，釵鈿紛飛，花容零落。周下臺把藩司之襟，大言曰：「兩宮宵旰勤勞，鼠輩敢自暇逸，以歌舞行樂耶？」（第 14 編，第 6379～6380 頁）

百一居士

百一居士，姓字不詳，江蘇淮陰（今淮安市）人。科場失意，光緒中客遊杭州，旅居揚州。

茲據《續修四庫全書》所收三卷本《壺天錄》輯錄。

庶幾堂今樂*

衣冠優孟最易動人，而淫戲靡靡，有聲有色，能使女德之貞靜者轉入邪淫，則其弊不可勝言。金匱有已故善士余廣文治，曾譜《庶幾堂今樂》二十八種，大率搜羅古今善惡果報，填成詞曲。募幼童教演成班，登場時形容點綴，或歌或舞，足可移人心志。嗣因費用不充，廢棄已久，原本散失。江浙善士廣為搜求，始得見廬山真面，付諸手民，壽諸梨棗。曲語新穎，並可增以燈綵。苟得妙伶扮演，足為耳目一新。庚辰仲夏，上海道於滬上戲園，各頒一部，促即演習登場，以資觀感。聞天仙茶園先成一齣，名曰《魁星現》。是出節目繁多，增以燈綵，愈加新奇可賞。於是觀者闐至，樓上樓下足履皆滿，同聲讚歎。夫所謂戲者，不過娛人意耳，命意既佳，自浹人意。平日熟視之戲，如《烏盆計》《伐子都》《趙家樓》《大香山》《洛陽橋》等劇，何嘗不報應昭然，特習慣了，不覺其動人耳。一旦以新曲易之，其沁人心意者，當不知若何鼓舞矣。革澆風，成善俗，於此見一斑焉。（卷中，第 1271 冊，第 183～184 頁）

西洋戲法*

中國戲法由來已久，衣冠優孟，音曲繞樑，此固可豁目娛耳也。至如手戲

-565-

雜劇，以及走索吞劍者，蓋不可勝紀。而以與西戲較，則遜焉。西士之以戲得名者，前則有晏打臣，後自有夏思美夫婦。戲亦相仿，手法靈敏，各擅其勝。爰錄之，以見一斑。晏戲甚夥，首演《賴婚控官》，有充原告、被告者，有充問官、陪審者。原告先出，次陪審，次問官，末乃四婦人與被告婦同出。或唱或說，形狀不一。問官怒，碎其卷，下公座，與陪審及兩造混鬧。婦人乃於公座前，上牽四黃繩，下縛問官。問官儼似小丑，移時乃罷。自是而下，乃演雜技。布袋四束，既方且正，觀者屬目，空空如也。不移時，於裝內取出雞卵十數枚，不知其何時置之也。取一玻璃杯，置灰其中，外設一空木匣。不移刻，杯中之灰忽至匣內，匣中躍出芙蓉鳥，兩兩雙鳴。以空箱一，鎖其上，包之縶之；罩以帳，引西女坐其內。恍忽間已失西女，迨啟箱而女在焉。引一美女置之几上，左右支兩木，忽而去其几，屹立不動；忽而去其左手之木，則全身橫於空中；忽而女自空中下，向客作告辭狀而入。一西女登臺，奏細樂，桌底縣明燈，空洞無物，人悉見之。忽爾臺上下火光齊斂，臺之後雙簾倏開，火明簾上。急覘之，則西畫一幅，繪大洋風景，始而一輪船徐徐而過，蓬帆人物歷歷如生，繼則畫幅收藏，但見長天連水，一色渾涵，數輪舟或遠或近，海濱房屋樹木，紛沓而來，層次井然。遠而望之，且忘其為畫矣。終又繪一輪船遭風狀，電光閃爍，大有黑風吹海立之勢。既罷，諸燈乃復明。又一美女，偕術士出。術士衣服類黃冠，以手向女而畫諸符訣，女昏然若睡。以兩棍撐其臂立，而足縣於虛，任術士之曲伸，無不如志。繼去一棍，雜取衣飾互換，倏如天仙，倏如劍俠，倏如武將，倏如魔嫗，燈光亦青黃紅綠，變幻不一。術士乃念念有詞，抱女橫臥，又去一棍，女遂如列子御風。移時，術士畫一符，女乃欠伸而醒焉。他如咽以棉絮，探之喉中，則已綿綿如帶焉。吞以針線，出之口中，則針皆穿於線焉。以一袋裝其婦，漆緘其口。俄而女自袋中出，而袋口封如故焉。以一筐納一人，刀刺其腹。俄而人已立臺旁，而筐中竟無有焉。皆技之可觀也。其尤奇者，有拋球之戲，球大如栲栳，高二尺有奇，中實以圓木，外包棉花，又加以布。一西人立球，止定其上；跐其足，球隨足滾。初尚繞場而滾，嗣乃於桌上置木板，厚寸許，長約三尺，平置桌上，兩頭皆空。球上人跐球近板，旁人斜置其板，一頭著地，球即緣板而上。既而滾至板中，板如天平，人又跐球倒退，板又斜起。如是者不一，其自下而上也，人皆背立，往來用足，毫不用手，足力洵純熟至矣。又有鑽圈之戲，一西方美人腰如弱柳，立足於馬背而疾馳焉。又有一西國男人與之並驅。繼而男女各翹一足立馬背，相向而斜。戲園

布幔、檁上周圍繫以竹圈，糊以薄紙，徑約三尺，當飛馳迅疾之際，如〔女〕忽躍起，飛身鑽圈。既穿，復飛身下，追及騎，仍一足立馬背而馳。西男亦如之，再接再厲，一時間數十圈，靡不躍穿，而紙已悉破矣。夏戲亦不一致。匣中變球，盆中取花等戲，猶人人能之也。若所謂最奇者，懸一空籠於臺前，洋鎗一擊，忽有數芙蓉鳥出於籠中，使之放炮過橋，作種種跳戲。嗣以一鳥納鎗中，手持長劍，訇然一聲，鳥已立劍尖飛舞矣。客有金戒指二枚，夏索之，置臺上。有侍者出磁盆，盆中蛋三枚。夏取一，置侍者頂上，一拍蛋，忽由侍者口中吐出。取客帽一，以戒指納之，攙以蛋汁；少頃取出，則戒指各有物貫之矣。又向座客取一表一巾，以巾包表，置於右首之木箱上。繼取紅色紙兩張，包於紙外，付座客拆視，則空空焉。客大駭，夏故作驚疑狀，而拆開之紅紙固落於臺前板上。不轉瞬而紅紙之下又儼然木箱焉，乃取箱開看，則箱中有箱，連取八九隻，最後一小箱，僅二寸餘。夏君付店客啟之，則表固在內也。兩玻璃盞分貯紅白水，又一大盞，將水並注於中，分置三處。有水者在中，兩盞分於左右，各罩以幕，出紙條丈餘，盤於幕上，似帶之聯屬者。旋剪斷之，迨揭幕觀之，則中盞已空，水仍在二盞內，左紅右白，若涇渭之不相淆也。臺上設綠紗長罩一具，空洞無物，夏於臺右拖其婦出罩之。其婦佯懼，三逃而三拽之。罩甫畢，夏提鎗至臺前，砰然一響，臺上揭罩，而婦即不見，已在對面樓，與夏言笑自若矣。戲既畢，夏乃令其婦鼓琴，己則擊雲板以和，板如中國九雲鑼，但多至數十面，形如方桌，其聲淵淵若裂金石，由徐而疾，影響鏗然。而其婦之琴聲與之相和，聲大而宏，不啻雲和夫人之絕調也。當其出臺也，雪貌花膚，與燈光相耀映，足以娛目也。及其奏樂也，應弦合節，如絳樹之雙聲，又足以娛耳也。遊漚者得未曾有，無不歡觀止矣。要之，奇技淫巧，足以蕩心。古聖之垂是戒也，豈偶然哉！今則以技巧為工，窮極變幻，雖曰戲耳，而渾樸無為之風，不相效而漸於澌滅乎？以得見為幸，吾正以不見為幸也。嗚呼，觀於此，可以知世變矣！（卷中，第 1271 冊，第 184～185 頁）

淫戲當禁*

近世倡淫之端，指不勝屈，而禍之大、害之甚者，則惟《鹹水歌》《春意鏡》為最烈。《鹹水歌》始於蛋戶，繼及民居，集惡語以為文，當通衢而散佈，高聲朗唱，邪音直達閨門。字淺值廉，毒手先加童稚。《春意鏡》則邪畫精工，窮形盡相，羞顏可繪，呼為南國佳人，妖態畢真，反謂《西廂》故事。甚至神

前不忌，何拘夜靜？天明更將穢跡恣談，恍若口傳心授，看者無非年少，意蕩心搖，私懷傾慕。於是邪思頓起，邪辟隨成矣。《鹹水歌》有聲無色，《春意鏡》有色無聲，導淫之弊且尚若茲，矧淫戲之有色有聲者乎！故自淫戲盛而人心愈壞，亦自淫戲盛而女德愈衰。其貽害於人心，大而且久；亦有官示森禁，而積習成風，卒難盡革。原其故，則仍持禁之不堅，賣戲之玩法耳。若於演戲之先，先申淫戲之禁，所演皆姦邪授首，忠孝顯名，可以移風，可以易俗，功莫大焉。推之南音小說，總是無稽，穢跡污言，有傷風化，遂致談閨闥者，既曰得於書者有之；圖野合者，亦曰得於書者有之。故淫書之焚，亦不容緩。（卷中，第1271 冊，第 194 頁）

學業荒於嬉*

　　鄉曲塾師，盡有胸無點墨、識字甚寡，茫然於訓詁句讀而踞坐皋比者。又或有師教不立，業荒於嬉者，則皆足誤後生也。……蘇州某老學究也，設教於鄉，聚徒二十人，皆村野頑童。某性素惰，貌又柔懦，徒不之畏，終日無呵唔聲。諸童或效優人演劇，樂人歌曲；或且捧書焚紙，合掌誦經；甚則彼此肆口揮拳搏擊。某則目若不見，耳若不聞，既無呵斥之聲，亦乏夏楚之拍。有見而誚之，曰：「鬆懈如此，無乃誤人子弟乎？」某乃瞠目大言曰：「此何說也？子之師想嚴厲矣，子即不能為聖為賢，亦可致富貴利達，何至今求為學究而不得也？吾聞之，植物宜培其性，誨人者宜適其天。童子之嬉戲，童子之天也。約束拘禁，不暢其天，明者轉昧，智者轉愚，且勿謂頑耍無益也。演劇以啟其忠孝，歌曲以導其和平，誦經以致其莊敬。較諸三行《大學》、半本《神童》，誨者諄諄，聽者藐藐，教如不教者，何如以不教為教之為愈也？世有不明義理，徒狃於章句，以五言八股為梯榮之具，究之名不成，利不就，而卒以學究老，此乃所謂誤也。子謬矣！」聞者以其詞之強也，亦不辯而去。嗟乎！蒙以養正，聖功也。擇師不慎，貽誤無窮。慨自世道之壞，人之無術無業者，半寄跡於此以圖衣食。師道既濫且雜，特幸在鄉曲，日與村夫牧豎為偶，故無人發其覆耳。但十室之邑，必有忠信，亦豈無崛起後生、天姿卓異者，而竟誤於庸師之手，亦可恨已！（卷中，第 1271 冊，第 198～199 頁）

大王觀劇*

　　物莫靈於龍，時而夭矯雲中，時而盤旋海曲，大小變幻，其用靡窮，固所宜爾。乃有所謂大王、將軍，皆河工官員歿以成神，幻化若小龍，長不盈尺，

細裁如指，身類蛇而頭則方，隱隱露雙角，有滿身金色者，有具朱砂斑者。位尊者王，其身小；位卑者將軍，其身略大。名號不一，最著者為金龍四大王，會稽諸生姓謝諱緒，謝太后內侄，於兄行為四，殉宋室難，投苕溪死。有明屢衛河工，翊護漕運，封為大王。少讀金龍山中，在山建祠，故名之曰四金大王。此外又有栗大王、朱大王等號。將軍亦甚多，老於河務者，能一一辨之。大江以北，素奉金龍四大王。清浦為河工總匯所，大王來者愈夥。有一歲而至十數位者，有一歲而至數十位者。或當春夏之交，潮汛泛漲，或於漕船北上，河水縮小，大王皆先期而至。其來也，先後次第不相謀；其去也，一朝而空之，漫無行跡，所謂「神龍見首不見尾」者歟！大王觀劇，當出見時，河憲赴河干，以朱盤引之入，覆以黃紙，舁送大王廟，日使伶人演劇，去而後止。每點一劇，以頭點為準，大率琶簧諸曲，崑腔則未有演者。演時昂首觀看，盤旋自得，毫無所怖。一日中顏色不一，名曰換袍，其他靈異，概難枚指。……光緒己卯冬季，河帥為長白文公，大王、將軍至者絡繹不絕，計有五十餘位，有老於河工而未一辨識者。日日演劇。次年春季，無一去者。五月杪，一夕盡去，無稍先後，人頗為異。不數日，而文公騎鯨矣。（卷下，第 1271 冊，第 233～234 頁）

籛壑外史

籛壑外史，不詳姓字，曾養病吳門。

茲據日本內閣文庫藏四卷本《海天餘話》輯錄。

《雙珠記》傳奇*

湯靨花，行十，鐵甕城北人，移居城南新橋左側，有老樹當其門。生最嬌
怯，花明玉淨，豔絕當時。一日朔雪初晴，靨花珥貂，著氅裘，披風笠，過東
家鄰，雙鉤踠地，步步生雲。遙立而睇者，詫為天人。遠近耳其名，候問不絕
於道。

畹如，行九，靨花之姊也。本孿生，頂趾無少異，惟太瘦生，稍遜其妹，
非習見者不能辨。人合稱之曰二湯。河上諸麗人，皆望而卻步。貴遊無不招
致，輿馬在門，爭先恐後。名下士題其姊妹所居小閣曰「雙珠」。閣臨水，畫
簾窣地，半面雙鴉，行舟過其下者，靡不停橈屏息，側睇注睛，惟恐有所失
也。意園為譜《雙珠記》傳奇，一時名伶爭演之。近聞憔悴不勝，且困弊無
聊賴，竟無有過新橋問訊者。噫！好會不常，盛名難副，鳥啼花落，其奈流
光逐駟何！

望川《青溪閒筆》

新橋湯二姬姊妹孿生，龐目腰肢，略無區別，九則行步蹁躚，
十則眼光如醉，差有異同。達官要人多召之侍飲，名遂騰於遠邇。
昔豫章賈客以千金聘九姬，真州公子納十姬於側室，皆以兄姊無賴
誘之歸。姊二：曰五；曰八。極貪污，居姬為奇貨，要客索重賂，而
兩人殊不耐也。姬既以永辭金屋、失身煙花為恨，又制於悍姊，不

獲與風情少年暢遂於飛之樂，故居嘗鬱鬱，慵髻啼眉，有不能自勝之狀。所居陋室愀〔湫〕隘囂塵，不可踰越，貴遊罕至。然偶一登堂，雖側帽礙眉，而與兩姝相對，則如登雲階月地，不問其他。意園為撰《雙珠記》傳奇紀其事。嗟乎！姬生秦淮佳麗之地，而風情姿色為秦淮冠，古所謂錦江滑膩峨媚秀，幻出文君與薛濤。若二姬者，亦靈淑之氣所鍾哉！

柚蓀《雙珠記》傳奇題辭

新橋橋畔是花田，映日紅生淥水蓮。縱說無情終有恨，如何唉屬總嫣然。

香艸多情怨美人，盈盈帶水隔芳津。薰衣得坐聯吟榻，竟體如分九畹春。

前度劉郎到亦迷，仙源無路認花蹊。依稀記得來時棹，上下浮橋西又西。

肯悔看花去較遲，學拈紅豆種相思。玉瓜不解憐人渴，私遞蠻箋道乞詞。

絳蠟燒融夜欲闌，小樓聽雨不知寒。重簾窣地香凝慢，恰見雙珠舞翠盤。

十色迷離間九光，春蘭秋菊一齊芳。我慚沃盡冰腸雪，為試華清第二湯。

不合風流讓獻之，桃根桃葉渡江邅。而今一片桃花水，兩槳分明似舊時。

夜半吳歌楚客愁，阿儂又蕩採蓮舟。蓮花贏得羈人罵，從此開花莫並頭。

雨暮雲朝事有無，凌波翠羽拾明珠。夢中願授生花管，待寫晴梟解佩圖。

玄武湖傳百尺心，別離心較此湖深。他年縱乞湖州守，燕燕分飛何處尋？

紅荃《雙珠憶舊》一齣

【南商調十二紅】【山坡羊】暖融融，芳情如海。瘦秸秸，腰圍松帶。意匆匆，九轉腸回。恨迢迢，人在青山外。【五更轉】想當初，畫閣裏，群仙會。分明左右雲生彩。真個是並額齊肩，月下深深同拜。

【園林好】一雙兒燈前去來。不覺的花驚月猜。又道是觀音自在。
【江兒水】忒煞消魂，一個個掌珠相待。【玉交枝】蛾眉斂黛。似桃
花微舒粉腮。一雙兩好真無賽。那橫波覷看誰來。【五供養】鎮無聊
賴。偏做出疼熱萬般堪愛。戲穿同命縷，深覆合歡杯。在燭底尊前，
羞把頭抬。【好姐姐】卻記爐香散靄。又誰管更催漏催。同心縮帶。
那如你做人尷尬。【玉山頹】思量風雪夜，可憎才。兩遭兒攜手問心
諧。【鮑老催】樓窗半開。姍姍似從天外來。不言不笑賺我猜。【川
撥棹】底事將儂怪。說從今把心事灰。休忘卻蠟淚成堆。休忘卻蠟
淚成堆。不料你拋離梅花又開。【喜〔嘉〕慶子】誰把相思訴上心來。
肯把相思撤在天涯。說往日恩情，你可不該。【僥僥令】相逢如往日。
兩兩巧安排。好把相思償卻債。不償盡相思不肯回。【尾文】風光九
十金難買。卻敍起離愁無奈。若裝上太平車，剛滿載。（卷二，第 27
～32 頁）

高翠林*

翠林姓高，吳之蔚門人，移家錢唐。婀娜可憐，工於度曲。能登場演《喬
醋》《佳期》《題曲》《驚夢》等劇。絳炬高燒，錦茵軟貼，聲情畢肖，歌態非
凡，恐菊部老生亦應退舍。

> 舒穎《題扇》　鬅鬙爭誇碧玉年，風神依約颭華筵。不須更聽
> 尊前語，只此聞聲已可憐。（卷三，第 8 頁）

巧官*

巧官，吳中李氏女，潔白有韻，善扮雜劇。演《離魂》一折尤工，水晶簾
畔，雲母屏前，遙動歌塵，彷彿臨風倩女也。

> 蕭簾《對鏡詞》　昨夜雨聲中，人歸碧雲院。朝來倚鏡臺，笑
> 識春風面。　愛看春山顰，生花添五斛。描就反嗤郎，黛痕何太
> 綠。（卷三，第 13 頁）

才保*

才保，吳之鄉人，好態度，演雜劇都佳，能吹笛度新腔。阿母攜來白下，
居一年，他往。

> 河上聯句　曾遇無雙品，（米人）應評第一仙。較量傾八斗，（慧

庵）聚散祇經年。潮送吳趨月，（柚蓀）飄開建業煙。居鄰桃葉渡，（藥
人）遊趁杏花天。乍見清而婉，（米人）翻驚美且鬈。朝霞上初日，（慧
庵）漾水泛紅蓮。一笑燈前約，（柚蓀）三生石上緣。回身剛就抱，（藥
人）匿笑許憑肩。帶縮同心固，（米人）砂封點臂鮮。命如禽尚並，（慧
庵）忿亦草能蠲。長笛高樓倚，（柚蓀）深情短曲傳。落梅愁五月，（藥
人）折柳恨三千。客燕秋窗別，（米人）賓鴻雪夜還。淒清淮水咽，（慧
庵）斷續藕絲連。願我心如沸，（柚蓀）知他眼欲穿。柔腸嗔薄倖，（藥
人）慚愧杜樊川。（米人）（卷三，第 13～14 頁）

阿松*

　　阿松，壽卿女也。其母愛比掌珠。妍媚善睞，當歌能宛轉動人，與綠妹名
齊。憶阿松周歲日，壽卿延同時姊妹，演《雙珠記》傳奇，聲容態度哀樂感人，
紅袖青衫幾番輝映。如今眾妙分張，盛筵難再，而阿松已十四齡矣。

　　　　灃秋《河亭消夏》　修篁深院緒風輕，坐聽新蟬第一聲。日午
棗花簾影動，博山香底學調笙。　　使君底事特情癡，授簡樽前醉
不辭。借取玉人供筆硯，雪兒韻絕又紅兒。（時綠妹、阿松捧筆硯旁
侍。）

　　　　食仙《過水榭聽阿松度曲，調寄鬢雲松》　玉華雲，金粟雨。一
霎西風，吹到黃昏住。半掩篛簾煙散縷。有個人兒，卻把新聲度。　　斝
雙鬟，搖寶炬。低唱香詞，彷彿陽關句。此際情深深幾許。酒綠燈紅，
驀忽難窗曙。（卷四，第 12 頁）

鳳子縠*

　　鳳子縠，陽鄉人，名著大河南北。有折柳過隋堤者，以不見鳳子為恨。

　　　　紅庵《憶鳳》一齣，為朗齋填　【南南呂懶畫眉】已涼天氣未
寒時。暗忖心情有那個知。簟冰七尺漾風漪。珠簾怕卷人憀起。我不
憶東牆卻憶誰。【賺】盼到佳期。說恁的相思沒藥醫。他留意。如他
真是可人兒。我和伊萬般幫觀魚依水。雨下攪和土捏泥。心如醉。他
多情祇恐輕呵氣。那能似此。可能似此。【皂角兒】覷一雙蝶兒引隊。
見一團蜂兒嫚戲。這風情怎不流連，那疼熱要人牽記。莫當做鏡中
花、波底月，約風萍、分雪爪，竟是些虛意。牽牛織女，相逢有期。

怎能彀團圞似月，永不抛離。【尾文】昨宵卻荷殷懃寄。一幅紅綾裹肚宜。我便要兜住芳心全付彼。（卷四，第 13～14 頁）

幻娘*

幻娘，一名歡。里居姓氏不詳。少好，髮光可鑒。體微豐，跌宕好戲。著聲錦湖者三年，忽有傖父持之，避禍去。眾皆慄息，一時姊妹行盡散。

漁禪《錦湖秋》一齣　【北新水令】一聲欸乃出前瀧。片時間重湖在望。綠搖秋葦影，紅浸渚蓮香。落日昏黃。忽湧起兼天浪。【駐馬聽】收轉牙檣。動地飆輪空外狂。游鱗群攘。鸕鷀驚散藕絲鄉。斷雲零雨不成行。花憨葉嚲都飄蕩。誰無恙。鴛鴦隊裏煙生瘴。【沉醉東風】金井側不消秋漲。錦坊前但見衰楊。掩淮南金粟芬，禁果里黃花放。趁遙天雙鳳飛翔。燕燕鶯鶯各自忙。真怨煞封姨鹵莽。【折桂令】更難堪極目蒼茫。逝水滔滔，野蔓荒荒。路轉天長。紅衣解結。翠蓋分張。采香雲幾條空颺。洗春山一抹都光。淚落千行。痛斷柔腸。舊歌梁有些暗塵，新衣桁沒點餘香。【沽酒〔美〕酒】還記得採芙蓉夜涉江。那亭院隔半塘。一路紅雲眠桂槳。翠生生的花樣。看並蒂影成雙。【太平令】說恁的碧波翻露冷蓮房。卻不道月黑驚尨。有誰識李代桃僵。盡著些雀羅蛛網。坍倒了雕櫳鎖窗。一帶兒短牆。這草堆是誰家門巷。【離亭宴帶歇拍煞】俺曾見珍簾碧箪圍煙幌。繡裙珠領披仙氅。那知他一霎淒涼。眼看他擁紅綾，眼看他捧玉椀，眼看他成夢想。這頹闌斷榭邊，也曾聽箏琶響。俺猛可來回橈過港。那遙山色褪了嵐，鏡湖光失了翠，老漁翁停畫舫。新愁盡夢牽，往事空心癢。不信這雨雲覆掌。編一曲錦湖秋，唱將來秋月上。（卷四，第 26～28 頁）

佚　名

佚名，古粵順德（今屬佛山市）人。

茲據臺灣《筆記小說大觀》所收一卷本《燕京雜記》輯錄。

京師優僮*

（京師）呼優僮為相公，故大家子弟，其隸僕無稱相公者。

京師優僮甲於天下，一部中多者近百，少者亦數十。其色藝甚絕者，名噪一時，歲入十萬。王公大人至有御李之喜。

優僮大半是蘇、揚小民，從糧艘至天津，老優買之，教歌舞以媚人者也。妖態豔妝，逾於秦樓楚館。初入都者鮮不魂喪神奪，挾資營幹，至有罄其囊而不得旋歸者。

達官大估及豪門貴公子挾優僮以赴酒樓，一筵之費，動至數百金，傾家蕩產，敗名喪節，莫此為甚。都中人恬不為怪，風氣使然也。良可慨夫！

南省優僮，梨部用錢雇之。京師不然，與錢部中，方得掛名。有常掛名兩三部者，衣服裝飾等物，俱是自置，至有演劇一齣，衣裝值千金者。

老優畜僮，視之如子。畜有數名，則命名成派，視如兄弟。中有享盛名者，其餘亦易動人，咸謂某優之徒、某僮之兄弟，便增聲價，有如父兄之達官，子弟易得科名者。然世情一轍，良可浩歎。

優僮盛名，享之不過數年，大約十三四歲始，十七八歲止。俟二十歲，已作潯陽婦而門前冷落鞍馬稀矣。竭意修飾，殫力逢迎，菁華既消，憔悴立致。寓京都數年，多有目擊其盛衰者矣。

優僮之居，擬於豪門貴宅。其廳陳設，光耀奪目，錦幕紗廚、瓊筵玉几、

周彝漢鼎、衣鏡壁鍾，半是豪貴所未有者。至寢室一區，結翠凝珠，如臨春閣，如結綺樓，神仙至此，當亦迷矣。嚶然一聲，側側足侍，掩口問者，不知幾輩？出門則雕車映日，建馬嘶風，裘服翩翩，繡衣楚楚。濁世佳公子，固不若也。

僮優有盛名者日倍〔陪〕數筵，酒一巡，即登車馳去，人不得留之也。每陪一筵，或酬十金，或酬數金，至賞賜之物，金玉珠翠，貂袍闈錦，莫知其數。

優僮自稱其居曰下處。到下處者，謂之打茶圍。置酒其中，歌舞達旦，酣嬉淋漓，其耗費不知伊于胡底。

風流好事者撰《日下名花冊》，詳其里居姓字，品其色藝性情，各繫以詞詩，如史體之傳贊，尋香問玉者，一覽已得之矣。間歲一登，可擬於《縉紳便覽》一書。（第 14 編，第 5924～5927 頁）

佚　名

茲據臺灣《筆記小說大觀》所收六卷本《西巡迴鑾始末記》輯錄。

匪黨蔓延京師記

隨處設立拳廠，壇場觸目皆是。蓋向僅一街一壇，或兩三街一壇，既則一街三四壇，或五六壇矣。其設壇者，初惟匪徒為之，既則身家殷實者亦為之矣。上自王公卿相，下至娼優隸卒，幾乎無人不團，無地不團，並以「乾」「坎」兩字為別。「乾」字遍體俱黃，「坎」字則所穿皆紅色布，以尖角紅旗懸於門上，書「奉旨義和團練」或「義和神拳」字樣。其旗之長方者，或書「助清滅洋」，或書「替天行道」。每團多則數百人，少則百餘人。其壇主之富厚者，更為其黨製備衣履刀矛。裝束一如戲中之武生，恒執木棍，招搖過市，美其名曰二郎神棍。（卷二，第 10 編，第 6097 頁）

南省保衛記

西人以各國產業在上海者最巨，故尤注意。所有訂約互保上海章程如下：……（七）租界內大小各戲館應令照常開演，不可停歇，以惑人心。（卷三，第 10 編，第 6136～6137 頁）

兩宮駐蹕西安記

西安向有兩個園，至是大加修茸，召京內名角演劇。太監見太后常哭，輒請老佛爺聽戲。太后謂：「你們去聽罷！我是斷沒心腸聽戲的！」故宮內並無戲臺，兩宮及大阿哥實未曾聽戲。而行在各員往聽戲者則與京城興致無異，是

可歎也。（卷三，第 10 編，第 6157 頁）

津門戰後記

侯家後娼僚、酒館、戲園、落子班，又稍稍出頭矣。去者入座大呼，延朋引類，察之絕無仕商中人：牛頭馬面，虎咽狼餐，衣裳則顛倒天吳，容止則跳踉鬼噪。噫，此真混沌窮奇世界也！（卷三，第 10 編，第 6162 頁）

西安聞見錄

大阿哥不喜讀書，所好者，音樂，騎馬，拳棒，三者而已。每日與太監數人至戲園觀劇，頭戴金邊氊帽，身著青色緊身皮袍，棄紅巴圖魯領褂，無異下流。最喜看《連環套》，嘗點是齣。有京伶名嚴玉者，屢邀厚賞。

大阿哥音樂學問極佳，凡伶人作樂時有不合者，必當面申飭，或親自上臺敲鼓板，扯胡琴，以炫己長。

十月十八日，大阿哥瀾公溥儁率領太監多名，與甘軍鬨於城隍廟之慶喜園。太監大受傷，□□□□□□在座，均遭殃及。起釁之由，因爭坐位而起。太監受傷後，又不敢與甘軍一圖報復，遂遷怒於戲園。囑某中丞將各園一律封禁，並將園主枷示通衢。其告示有云：「兩宮蒙塵，萬民塗炭，是君辱臣死之秋，上下共圖臥薪嚐膽，何事演戲行樂？況陝中旱災浩大，尤宜節省浮費，及一切飯店、酒樓，均一律嚴禁。」繼而各園營求內務大臣繼祿，工部侍郎溥興，轉求李蓮英，遂又啟封開演。又云：「天降瑞雪，預兆豐盈，理宜演戲酬神，所有園館一律弛禁，惟禁止滋鬧，如違重懲。」藉以掩人耳目。聞者無不鼓掌。（卷三，第 10 編，第 6187～6188 頁）

佚　名

茲據《適園叢書》第一集冊十五所收二卷本《爐宮遺錄》輯錄。

鍾鼓司奏雜戲*

鍾鼓司時節奏水嬉、過錦諸戲。上每為之歡笑。後寇氛不靖，恒諭免之。

舊例，秋收時，鍾鼓司有打稻之戲。駕幸旋磨臺無逸殿，本司扮農夫、村婦及田畯官吏徵租詞訟等事。十年後，凡時節遊幸多廢，此獨舉行，重農事也。（卷之下，第2～3頁）

田貴妃諫女樂*

蘇州織造局進女樂，上頗惑之。田貴妃疏諫云：「當今中外多事，非皇上燕樂之秋。」批答云：「久不見卿，學問大進。但先朝有之，既非朕始，卿何慮焉。」（卷之下，第3頁）

梨園祇應*

萬壽節排宴昭仁殿，例有梨園樂人祇應。上諭陳伶作西施舞，逮罷，賜銀五兩。（卷之下，第4頁）

演劇惟省*

五年，皇后千秋節，諭沉香班優人演《西廂記》五、六齣。十四年，演《玉簪記》一、二齣。十年之中止此兩次。（卷之下，第6頁）

主要徵引文獻

（按作者音序排列）

A

艾衲居士：《豆棚閒話》，清嘉慶三年寶寧堂刊本。

B

百一居士：《壺天錄》，《續修四庫全書》所收三卷本。

C

採蘅子：《蟲鳴漫錄》，臺灣《筆記小說大觀》所收二卷本。

曹家駒：《說夢》，臺灣《筆記小說大觀》所收二卷本。

長白浩歌子：《螢窗異草》（初、二、三編），齊魯書社 2004 年版，十二卷整理本。

陳慶龍：《夢蕉亭雜記》，臺灣《筆記小說大觀》所收二卷本。

陳彝：《談異》，清光緒十九年刊，八卷木活字本。

程岱葊：《野語》，清道光二十三年刻，九卷本。

程麟：《此中人語》，臺灣《筆記小說大觀》所收六卷本。

褚人獲：《堅瓠補集》，《續修四庫全書》所收六卷本。

褚人獲：《堅瓠廣集》，《續修四庫全書》所收六卷本。

褚人獲：《堅瓠集》，《續修四庫全書》所收四十卷本。

褚人獲：《堅瓠秘集》，《續修四庫全書》所收六卷本。

褚人獲：《堅瓠續集》，《續修四庫全書》所收四卷本。

褚人獲：《堅瓠餘集》，《續修四庫全書》所收四卷本。

D

戴蓮芬：《鸝砭軒質言》，臺灣《筆記小說大觀》所收四卷本。

戴璐：《藤陰雜記》，《續修四庫全書》所收十二卷本。

戴名世：《乙酉揚州城守紀略》，臺灣《筆記小說大觀》所收一卷本。

戴名世：《優庵集》，黃山書社1990年版，點校本。

丁丙：《北隅續錄》，清光緒二十五年刻，二卷本。

董含：《蓴鄉贅筆》，上海書店1994年版，《叢書集成續編》所收三卷本。

董鱗：《吳門畫舫錄》，上海書店1991年版，《香豔叢書》所收一卷本。

獨逸窩退士：《笑笑錄》，《續修四庫全書》所收六卷本。

F

馮班：《鈍吟雜錄》，清道光二十一年金山錢氏守山閣刊何焯評，十卷本。

福格：《聽雨叢談》，中華書局1984年版，十二卷點校本。

G

甘熙：《白下瑣言》，清光緒十六年江寧傅氏築野堂刻，十卷本。

高繼珩：《正續蜨階外史》，大達圖書供應社1934年版，標校本。

高士奇：《扈從東巡日錄》，清康熙間刻，二卷本。

高士奇：《金鰲退食筆記》，清康熙間刻，二卷本。

高士奇：《天祿識餘》，清康熙間刻，八卷本。

簡中生：《吳門畫舫續錄》，上海書店1991年版，《香豔叢書》所收三卷本。

管世灝：《影談》，臺灣《筆記小說大觀》所收四卷本。

H

和邦額：《夜譚隨錄》，清乾隆辛亥年刻，十二卷本。

黃向堅：《黃孝子尋親紀程》，臺灣《筆記小說大觀》所收一卷本。

黃協塤：《鋤經書舍零墨》，臺灣《筆記小說大觀》所收四卷本。

黃協塤：《粉墨叢談》，上海書店1991年版，《香豔叢書》所收二卷及附錄一卷本。

黃軒祖：《遊梁瑣記》，臺灣《筆記小說大觀》所收一卷本。

J

計六奇：《明季北畧》，中華書局 1984 年版，二十四卷點校本。

計六奇：《明季南畧》，中華書局 1984 年版，十六卷點校本。

紀昀：《閱微草堂筆記》，臺灣《筆記小說大觀》所收二十四卷本。

籛鏗外史：《海天餘話》，日本內閣文庫藏四卷本。

蔣超伯：《南漘楛語》，清同治十年兩罍山房刻，八卷本。

車持謙：《畫舫餘譚》，上海書店 1991 年版，《香豔叢書》所收一卷本。

車持謙：《秦淮畫舫錄》，上海書店 1991 年版，《香豔叢書》所收二卷本。

K

〔美〕凱瑟琳·卡爾：《清宮見聞雜記》，臺灣《筆記小說大觀》所收本。

L

郎廷極：《勝飲編》，《四庫存目叢書》所收十八卷本。

李慈銘：《蘿庵遊賞小志》，臺灣《筆記小說大觀》所收一卷本。

李調元：《井蛙雜紀》，清乾隆三十四年序刊，十卷本。

李調元：《南越筆記》，臺灣《筆記小說大觀》所收十六卷本。

李文藻：《琉璃廠書肆記》，臺灣《筆記小說大觀》所收一卷本。

厲鶚：《東城雜記》，《叢書集成初編》所收二卷本。

厲秀芳：《夢談隨錄》，臺灣《筆記小說大觀》所收二卷本。

梁紹壬：《兩般秋雨盦隨筆》，上海古籍出版社 1982 年版，八卷點校本。

盧秉鈞：《紅杏山房聞見隨筆》，清光緒十八年刊，二十八卷本。

陸長春：《香飲樓賓談》，臺灣《筆記小說大觀》所收二卷本。

陸圻：《纖言》，《古學彙刊》第二集所收三卷本。

陸世儀：《復社紀略》，《續修四庫全書》所收清抄四卷本。

陸壽名：《續太平廣記》，清嘉慶五年懷德堂刊，八卷本。

陸雲錦：《芝庵雜記》，清嘉慶八年刊，四卷本。

羅惇曧：《拳變餘聞》，臺灣《筆記小說大觀》所收一卷本。

M

毛奇齡：《武宗外紀》，《四庫全書存目叢書》所收一卷本。

N

鈕琇：《觚賸》，清康熙三十九年臨野堂刻，八卷本。

鈕琇：《觚賸續編》，清康熙三十九年臨野堂刻，四卷本。

P

潘榮陛：《帝京歲時紀勝》，清乾隆間刻，一卷本。

彭邦鼎：《閒處光陰》，臺灣《筆記小說大觀》所收二卷本。

蘋梗：《秦淮感舊集》，掃葉山房 1928 年印行，《清人說薈》初集所收二卷本。

蒲松齡：《聊齋誌異》，中華書局 1962 年版，會校會注會評十二卷本。

Q

錢德蒼：《增訂解人頤廣集》，清光緒乙酉年刊，八卷本。

R

阮葵生：《茶餘客話》，中華書局 1959 年版，二十二卷本。

S

邵廷采：《西南紀事》，清光緒十年徐榦刻，十二卷本。

沈赤然：《寒夜叢談》，清嘉慶十三年趙氏又滿樓序刻，三卷本。

沈初：《西清筆記》，《清代詩文集彙編》所收二卷本。

沈濤：《交翠軒筆記》，清道光二十八年刊，四卷本。

沈荀蔚：《蜀難敘略》，《知不足齋叢書》所收一卷本。

宋犖：《筠廊偶筆》，清康熙間刻，二卷本。

宋永嶽：《誌異續編》，臺灣《筆記小說大觀》所收四卷本。

孫承澤：《古香齋鑒賞袖珍春明夢餘錄》，清光緒七年孔氏三十有三萬卷堂刻，七十卷本。

T

談遷：《北遊錄》，中華書局 1960 年版，九卷點校本。

田雯：《古歡堂集》，《四庫全書》所收四十九卷本。

W

王崇簡：《冬夜箋記》，清康熙間刻，《說鈴》所收一卷本。

王崇簡：《談助》，臺灣《筆記小說大觀》所收石印一卷本。

王端履：《重論文齋筆錄》，臺灣《筆記小說大觀》所收十二卷本。

王濟宏：《籜廊瑣記》，清咸豐四年晉文齋刊，九卷本。

王家禎：《研堂見聞雜錄》，臺灣《筆記小說大觀》所收一卷本。

王嘉楨：《在野遍言》，清光緒甲午年重刊，八卷本。

王培荀：《聽雨樓隨筆》，清道光二十五年刻，八卷本。

王培荀：《鄉園憶舊錄》，清道光二十五年刻，六卷本。

王士禎：《居易錄談》，臺灣《筆記小說大觀》所收三卷本。

王士禎：《隴蜀餘聞》，清康熙間王氏家刻，一卷本。

王韜：《淞濱瑣話》，臺灣《筆記小說大觀》所收十二卷本。

王韜：《淞隱漫錄》，人民文學出版社 1983 年版，十二卷本。

王韜：《甕牖餘談》，清光緒元年申報館鉛印，八卷本。

王韜：《瀛壖雜志》，臺灣《筆記小說大觀》所收六卷本。

王應奎：《柳南隨筆》，守山閣刊，六卷本。

王應奎：《柳南續筆》，守山閣刊，四卷本。

王增祺：《燕臺花事錄》，上海書店 1991 年版，《香豔叢書》所收三卷本。

溫汝適：《咫聞錄》，清道光二十三年刻，十二卷本。

翁洲老民：《海東逸史》，《續修四庫全書》所收十八卷本。

吳陳琰：《曠園雜志》，清康熙間刻，《說鈴》所收二卷本。

吳熾昌：《正續客窗閒話》，時代文藝出版社 1987 年版，排印本。

吳德旋：《初月樓聞見錄》，《四庫未收書輯刊》影印道光二年刻，十卷本。

吳德旋：《初月樓續聞見錄》，《叢書集成三編》所收十卷本。

吳綺：《揚州鼓吹詞序》，清乾隆間大酉山房刊，《龍威秘書》所收一卷本。

吳偉業：《鹿樵紀聞》，臺灣《筆記小說大觀》所收三卷本。

吳儀一：《三婦評〈牡丹亭〉雜記》，上海書店 1991 年版，《香豔叢書》所收
　　一卷本。

X

曉嵐：《白門新柳補記》，新文豐版《叢書集成續編》所收一卷本。

徐昂發：《畏壘筆記》，清康熙間桂森堂刻，四卷本。

徐承烈：《聽雨軒筆記》，《叢書集成三編》所收四卷本。

徐赓陛：《不慊齋漫存》，《清代詩文集彙編》所收十二卷本。

徐昆：《遯齋偶筆》，臺灣《筆記小說大觀》所收二卷本。

徐士鑾：《宋豔》，臺灣《筆記小說大觀》所收十二卷本。

徐錫齡：《熙朝新語》，清嘉慶二十三年刻，十六卷本。

許奉恩：《里乘》，《續修四庫全書》所收清光緒間抱芳閣藏十卷本。

許善長：《碧聲吟館叢書十種》，清光緒間刻本。

許汶瀾：《聞見異辭》，臺灣《筆記小說大觀》所收二卷本。

許元仲：《三異筆談》，臺灣《筆記小說大觀》所收四卷本。

宣鼎：《夜雨秋燈錄》，清光緒三年《申報館叢書》鉛印，聚珍八卷本。

薛福成：《庸盦筆記》，《續修四庫全書》影印清光緒丁酉年刻，六卷本。

薛時雨：《白門新柳記》，新文豐版《叢書集成續編》所收一卷本。

Y

楊恩壽：《蘭芷零香錄》，1928 年掃葉山房印行，《清人說薈》初集所收一卷本。

楊恩壽：《楊恩壽集》，《湖湘文庫》甲編所收整理本。

姚世錫：《前徽錄》，清歸安姚氏刊，一卷本。

姚燮：《姚燮集》，浙江古籍出版社 2014 年版，《浙江文叢》所收整理本。

葉廷琯：《鷗陂漁話》，遼寧教育出版社 1998 年版，校點六卷本。

佚名：《爐宮遺錄》，《適園叢書》第一集所收二卷本。

佚名：《西巡迴鑾始末記》，臺灣《筆記小說大觀》所收六卷本。

佚名：《燕京雜記》，臺灣《筆記小說大觀》所收一卷本。

尹元煒：《溪上遺聞集錄》，清道光二十八年抱珠樓刻，十卷本。

遊戲主人：《新刻聞談笑語》，臺灣《筆記小說大觀》所收四卷本。

余懷：《板橋雜記》，清辮香閣抄，三卷本。

俞敦培：《酒令叢鈔》，臺灣《筆記小說大觀》所收四卷本。

俞樾：《耳郵》，臺灣《筆記小說大觀》所收四卷本。

俞樾：《薈蕞編》，臺灣《筆記小說大觀》所收二十卷本。

袁枚：《續子不語》（《袁枚全集新編》第十二冊），浙江古籍出版社 2015 年版，《浙江文叢》所收十卷整理本。

袁枚:《子不語》(《袁枚全集新編》第十一冊、第十二冊),浙江古籍出版社
　　2015 年版,《浙江文叢》所收二十四卷整理本。

樂鈞:《耳食錄》,齊魯書社 2004 年版,整理本。

惲敬:《大雲山房雜記》,臺灣《筆記小說大觀》所收二卷本。

惲毓鼎:《崇陵傳信錄》,《續修四庫全書》所收一卷本。

Z

張潮:《虞初新志》,清康熙三十九年刻,二十卷本。

張培仁:《妙香室叢話》,臺灣《筆記小說大觀》所收十四卷本。

張燾:《津門雜記》,清光緒十年梓行,三卷本。

張廷玉:《澄懷園語》,清乾隆間刻,四卷本。

張宗橚:《詞林紀事》,清乾隆四十三年樂是廬刊,二十二卷本。

趙慎畛:《榆巢雜識》,中華書局 2001 年版,二卷點校本。

趙翼:《簷曝雜記》,中華書局 1982 年版,六卷點校本。

鄭澍若:《虞初續志》,《續修四庫全書》所收十二卷本。

周思仁:《欲海回狂集》,清同治三年邗江熊氏重刻,三卷本。

朱克敬:《瞑庵二識》,臺灣《筆記小說大觀》所收二卷本。

朱克敬:《瞑庵雜識》,臺灣《筆記小說大觀》所收四卷本。

朱克敬:《儒林瑣記》,《近代湘人筆記叢刊》所收四卷點校本。

朱琰:《陶說》,清乾隆三十九年鮑廷博刻,六卷本。

朱翊清:《埋憂集》,《續修四庫全書》影印清同治十三年刻,正集十卷、續
　　集二卷本。

珠泉居士:《續板橋雜記》,上海書店 1991 年版,《香艷叢書》所收三卷本。

諸聯:《明齋小識》,臺灣《筆記小說大觀》所收十二卷本。

諸仁安:《營口雜記》,臺灣《筆記小說大觀》所收一卷本。

鄒弢:《三借廬筆談》,臺灣《筆記小說大觀》所收十二卷本。

後　記

　　《清代散見戲曲史料彙編》是一個浩大的學術工程，原計劃分別推出「詩詞卷」「方志卷」「筆記卷」「小說卷」「詩話卷」「尺牘卷」「日記卷」「文告卷」「圖像卷」等，大概在千萬字左右。當時有此動議，主要起因於筆者在多年的清代文獻梳理中，發現了許多與戲曲傳承、發展、流播、演出及其文化生態相關的珍貴資料，其中不少為稀見史料，各家戲曲史甚少留意，以致在觀點表述上有些偏移，至為遺憾。所以，大概在十年前，接到花木蘭文化出版社的約稿時，本人就嘗試著談了自己的想法。對方出於發掘、保護中華優秀傳統文化之考慮，竟慨然應諾，承擔起這一耗資不菲的出版事宜，令我喜出望外、心存感激。

　　該套書自 2014 年 3 月推出「詩詞卷・初編」之後，又分別於 2015 年 3 月、2016 年 3 月、2017 年 3 月先後出版了「詩詞卷・二編」「方志卷・初編」「筆記卷・初編」，凡十冊，引起海內外學界的廣泛關注，並於 2018 年 11 月獲得江蘇省第十五屆哲學社會科學優秀成果二等獎，國內外各大圖書館也廣為收藏。一年一編的節奏，令學界朋友感歎我的「高產」。每次於各種學術會議上相遇，他們總是打問該套書編纂的最新進展情況。這令我勞累之餘，也充分領略了收獲的快慰。然而，自「筆記卷・初編」出版以後，儘管「方志卷・二編」的初稿也已編就，但卻一直苦於沒有時間作進一步校訂。2017 年 4 月 12 日，本人因身體染恙到徐州醫科大學附屬醫院住院，直至月底方得出院。其間沒有告訴任何人，侄兒及眾多學生打電話問詢，均報以平安。摯友的家近在咫尺，我在病房 13 樓上似乎都能看到他的住所，但他來電話聯繫時也未向其透露絲毫消息。研究生蔣宸南京大學博士畢業後到溫州大學執教，時常電話問候。那幾天音訊不通，十分焦急，後來他一旦得知此事，立

即打來電話探問病情，並以各種形式表達慰問。學生對老師的深情厚誼，銘感於心。無論誰的人生旅途中，都難免會遇到一些「坎」，遇到「坎」便向別人傾訴，只會給他人增加精神負擔，而且也於事無補。所以，我在生活中有時遇到「坎」，則坦然面對，獨自扛起，不想給任何人增添麻煩，這是我做人的一貫原則。清人陳鍔（字養愚，號白崖）稱：「事能知足心常愜，人到無求品自高」，實有得於我心。人生在世，若想成就初衷，「必先行之於纖微之事」（漢・陸賈《新語・慎微》），多設身處地替別人想想，別動輒干擾他人生活節奏，這是做人最起碼的道理。所以，住院半月，我任何人都不驚動，包括近鄰。病情一旦稍好轉，本人不想讓時間白白流逝，就躺在病床上校對書稿。醫務人員誤會我是退而不休的老幹部，每日還在那發揮餘熱，批閱文件。回想起來真令人啼笑皆非。

此後，江蘇省推出「江蘇文脈整理與研究工程」，江蘇省社會科學院約我撰寫《江蘇歷代文化名人傳・趙翼》；負責江蘇省社科聯「人文社會科學通識文叢・文學江蘇讀本（第二輯）」編撰事宜的馮保善教授，約我專題研究蘇州派戲曲代表人物李玉，如此等等，各種「命題作文」紛至遝來，真有點應接不暇。儘管如此，我依然克服困難，一一承擔。能在發掘傳統文化、增強文化自信的道路上發揮一點「光」與「熱」，再苦再累，我也感到莫大滿足。正如胡適所言：「真理是深藏在事物之中的；你不去尋求深討，他決不會露面」，「進一寸有一寸的愉快，進一尺有一尺的滿足。」〔註1〕最近幾年，我先後推出了《曲寄人情：話說李玉》（江蘇人民出版社 2017 年 11 月版）、《清代散見戲曲史料研究》（復旦大學出版社 2018 年 8 月版）、《莊一拂〈古典戲曲存目彙考〉補正》（人民文學出版社 2019 年 7 月版）、《江蘇梆子戲史論》（臺灣花木蘭文化事業有限公司 2020 年 9 月版）等著作，還與趙韡合作完成了《元曲三百首》的注釋、評析工作，該書被收入由許嘉璐主編的「中華傳統文化經典全注新譯精講叢書」，2019 年 2 月由江蘇人民出版社出版。至於《江蘇梆子》《宋元南戲簡史》《錢南揚學術年譜》《兩漢伎藝傳承史論》《民國時期戲曲研究學譜》等專著以及古代小說整理《定情人》等，則均已完稿且陸續排進出版計劃，未來幾年內或將面世。

不管退休與否，多年來，我一直在前輩學人開掘的學術道路上繼續探索，

〔註 1〕曹聚仁：《胡適與魯迅》，《曹聚仁文選》下集，中國廣播電視出版社，1995 年，第 416 頁。

力求在讀書中有所思考、有所發現、有所進步、有所提高。宗白華曾稱：「我們真正生活的內容就是奮鬥與創造。我們不奮鬥不創造就沒有生活，就不是生活。」〔註2〕本人不過是讀點書、寫點文章，很難說有多少創造，但它卻給我的生活注入了活力，激發了我對不少學術問題的思考，也讓我進一步深化了對人生價值的理解。畢竟讀書是一件與生命相伴的非常愜意的事，在讀書中安頓心靈，在讀書中慰藉精神，在讀書中享受發現的愉悅和創造的快感，是我輩情之所系、心之所望。「浮生願向書叢老」「一編許讀樂何如」？前幾年，我七十歲生日，有關領導以及歷屆學生代表紛紛前來祝賀，我當即口占一首，曰：「七十老翁何所求，縹緗陪伴春複秋。新知培養興仍在，握管為文意未休。」〔註3〕的確是有感而發的肺腑之言，亦藉此以鞭策自礪。

　　至於本書的編撰，還要說說我當年的研究生葉天山。天山平素寡言少語，似乎有點落落寡合，但讀書非常用功，除了聽課就是泡圖書館，幾年下來，有了較為可觀的學術積累。畢業後在高校任教，又去華東師範大學讀了博士。回原單位後，繼續勤懇工作。教學之餘，研治說部與戲曲，出版論著多種，又承擔課題多項，還榮獲河南省相關教育教學獎項，頗令人欣慰。天山生在江南，既有南方人精明強幹之稟賦，又有北方人誠摯敦樸之氣象。三年前春節，天山電話問候，並稱樂意分擔我手頭研究事宜，遂將「筆記卷·二編」之事相托。歷經春秋，茲事初具規模。書稿兩地間往來，歷三次刪汰、增補，始見大略。全書由我通讀全稿，以定去取，並校改魯魚亥豕，考訂史實謬誤，且撰寫「前言」。前後修改及一應統籌工作，則由趙韡一力完成。他公務繁忙，然青燈黃卷，樂此不疲，每每於夜間校訂，斟酌體例，增寫案語，潤色文字，實為不易。本書交稿時間也一再後延。幸「花木蘭」不棄，使得此項工作得以接續。在此，向杜潔祥總編輯、楊嘉樂副總編輯等表示衷心感謝。

　　本書涉及文獻眾多，其中有的字跡漫漶，不堪卒讀，加之本人讀書有限，疏漏與錯訛之處在所難免，尚祈博雅之士多所批評，以利改正。

趙興勤

二〇二二年九月三十日

古彭城鳳凰山東麓倚雲閣

〔註2〕宗白華：《中國青年的奮鬥生活與創造生活》，林同華主編：《宗白華全集》第一卷，安徽教育出版社，1994年，第92頁。

〔註3〕趙興勤：《詩四首·七十初度》，《江南時報》2019年3月18日第4版。